ローカル・中小が
日本全国に顧客を作る

1/10,000《いちまんぶんのいち》マーケティング

大木ヒロシ
ジャイロ総合コンサルティング

同文舘出版

はじめに

「売れなくなった、伸びなくなった。まるで儲からん。なぜ?」

ここ10年、全国各地での講演会等の終わりに必ず聞く言葉になってしまった。

原因はわかり切っている。地域内の少子高齢化と都市部への人口流出で消費人口が急激に減ってしまったからだ。

減少する一方の域内需要のみでは立ち行かない。オーディエンス(聴衆)のいない中では、どんなに上手な笛も太鼓も価値はない。

では、どうすればいいのか。

ローカル・中小企業の業績不振を後目に、ネット通販での物販系の市場規模は2019年の10兆515億円から、2020年度は12兆2333億円と2割以上も伸びている（経済産業省「令和3年度 電子商取引に関する市場調査」2022年8月12日）。

こうしてみると、縮小する域内販売の落ち込み分は新たなネット販売対応で回復を図るしかないのではないか。


実は、ローカル・中小企業にチャンスが見えはじめた。

地域（ローカル）にとっては当たり前で珍しくもないモノが、知らない人にとってはとても珍しく、興味深いモノにうつる。そして、「珍しい」は経済心理学で言う「スノッブ効果」を生み、商品・製品の付加価値となる。

そう、視点を変えればローカルには「欲しいモノ」が溢れているということになる。


にもかかわらず、ローカル・中小企業の苦しい現状は否定したくても否定できない。

たとえば、地域の過半を占めるローカル・中小企業の多くが往時は年商3000万円で、夫婦2人と子供1人の家族経営でやってきた。物販でも35％程度の粗利は確保でき、1050万円の粗利でも、家賃等の固定費が低いため十分にやってこられた。

それが、**地域顧客の大幅減少で3000万円の年商が2000万円以下になり、「食えなくなった」**のが現状なのだ。

しかし、いま私たちの身のまわりにあるものを存分に活用すれば、まだ道は開ける。失った「1000万円／年」をどう増やすかの具体策が本書であり、地域で暮らしたいと考えるIターン、Uターンの小規模起業者のための、起業1年目で「やっていける」状態を確立することが本書の目的なのだ。

地域内の小規模企業と起業の成功の集合が地域を活性化する最後のテコになる。なぜなら、地域の企業の99・7％以上が中小企業であり、その過半は小規模事業者である。そこがよくなること以外に地域経済の活性化はないからだ。

希望はある。

幸いなことに、いま注目されているDXという概念は、使い方によっては「グローカル・ビジネス」を確立するためのものとして機能する。そして、ローカル、小規模、高齢経営者の不利をカバーしてくれるものである。

※グローカルとは「地域の文化に寄り添った事業を、世界を対象にして展開すること。それが、DXの進展により、コストを気にせず可能になった」

DXを理解する必要はない。使ってしっかり儲けられれば、それでよしだ。いまどきは、原理はわからなくても上手に使っているモノがほとんどだろう。スマホを使いこなせているなら、十分対応できるのがDXだと思ってもらいたい。

以下、そのための実用理論として、「1／10000マーケティング」理論を提示する。

ローカル・中小が日本全国に顧客を作る　1／10000マーケティング●目次

2章 ローカル・中小企業の強みとは？

3章　自社の業務を分解し、利益の源泉を考える

4章

必ず売れる・儲かる！ローカル・中小企業のDX対応の具体策

5章

大きくなるよりも「続く」会社へ――200年企業を目指して

カバーデザイン　藤田美咲
本文デザイン・DTP　マーリンクレイン

1章

シン・差別化戦略「1／10,000マーケティング」

病窓から見える楓の木に若葉が萌している。術後2週間が過ぎ、経過は悪くないと医師から知らされた。

昭夫は「そうか、助かったか」と小さく伸びをしてみた。

しかし一方では、自らが経営している店のことが気にかかる。妻と長女とパート5人で切り盛りしていた店は、今は妻が1人で対応している。それで十分なほどにお客が減っているのだ。

妻の和子には何度か「やめるか？」と問いかけたが、そのつど「お父さん、私ががんばれるうちはがんばるよ。あんたがよくなって戻れるようになったら、2人だけでやればいいよ」とだけ答える。

今となっては、昭夫が店を構える商店街も地方の多くの商店街の例にもれず、閉店する店が相次ぎ、シャッター通り商店街と揶揄される始末だ。

昭夫の店は40店舗ほどが並ぶ商店街の一角にある。昭和23年の戦後間もない物不足の時期、昭夫の父母によって地元の名物の「鶏モツ煮」を看板商品とする惣菜店「菅野屋」としてはじまった。当時としては珍しい甘辛の味が評判で、ときには行列ができる繁盛店だった。

当時は「長男は家業を継ぐ」が当たり前の風潮だった。昭夫も父に言われるままに地元の商業高校に進み、卒業後は修業ということで都内のスーパーに惣菜担当を条件に就職した。23歳のときに地元に戻り、有限会社となっていた菅野屋に入社した。

父母とパート3名の小規模ながら、相変わらずの忙しさだ。すでに高度成長期は終わりを告げていたものの、地域経済は「団塊世代ジュニア」による第二次ベビーブームもあり、依然として上昇カーブを描いていた。以前ほどではないが、商店街にも活気はある。

そんな中、社長だった父が体調を崩したことと高齢を理由に退くことになり、後は昭夫に任された。自分の会社と思えば意欲は高まる。とはいえ地方商店街の鶏モツ煮が中心の小規模な惣菜店では、これ以上を期待することは難しく、実際に売上は伸び悩んでいた。

ある日、商店街組合の誘いで商店経営セミナーに参加した。講師の話は「安くすれば売れる、売れれば仕入力が上がる、そうなれば他店より安く売っても利益は出る」――要するに、コモディティ商品を中心にした、バイイングパワーによる業績拡大戦略であった。

時折、お客から「惣菜以外の食品も置いてほしい」との要望を聞くことも増えた。東京のスーパーでの経験から言えば、これからは消費者の利便性を考えるのも重要なことだとわかっている。そこで昭夫は、「三度の食事のお手伝い」をテーマに、惣菜を軸に一般食品を安く販売することで売上拡大を目指した。

こうして惣菜店「菅野屋」は、「食品スーパーカンノ」と名を変えた。オープン初日は「モヤシ1袋9円」「タマゴ1パック39円」の超目玉価格で、店内にはお客が溢れた。その後も「超目玉チラシ作戦」は続き、日がたつにつれ、創業以来の名物の「鶏モツ煮」は影が薄くなっていった。

そんななか、大手スーパーを核店舗にした大型ショッピングセンターが開業した。オープン当日は新聞紙大のカラーチラシが入り、地元商店街はどこも大幅に客数が減った。しばらくして客足が戻ったようにも見えたが、徐々に人出は減り、往時の半分以下となり、土日は人通りがほとんど見られなくなった。

気がつけば、食品スーパーカンノも売上は半減していた。やがて赤字決算が続き、規模縮小を考えざるを得ない状況に追い込まれた。従業員には事情を話して辞めてもらうしかなかった。やがて全員が店を去っていった。

ローカル・中小企業はなぜ「勝てない」のか

地域における中小企業の実情

我が国の企業数は約359万社（2016年）で、1999年の485万社から大幅な減少となっており、一時は下げ止まったものの、今後はさらに減少化が加速する恐れが指摘されている。このまま推移すれば、今後の5年間で100万社が潰える可能性を指摘する識者もいる。

企業規模別にみると、大企業は約1・2万社と全体の0・3％に過ぎず、99・7％は中小企業である。

中小企業の内訳は中規模企業が53万社、小規模企業が305万社となっており、全

図1●企業規模別企業数の推移

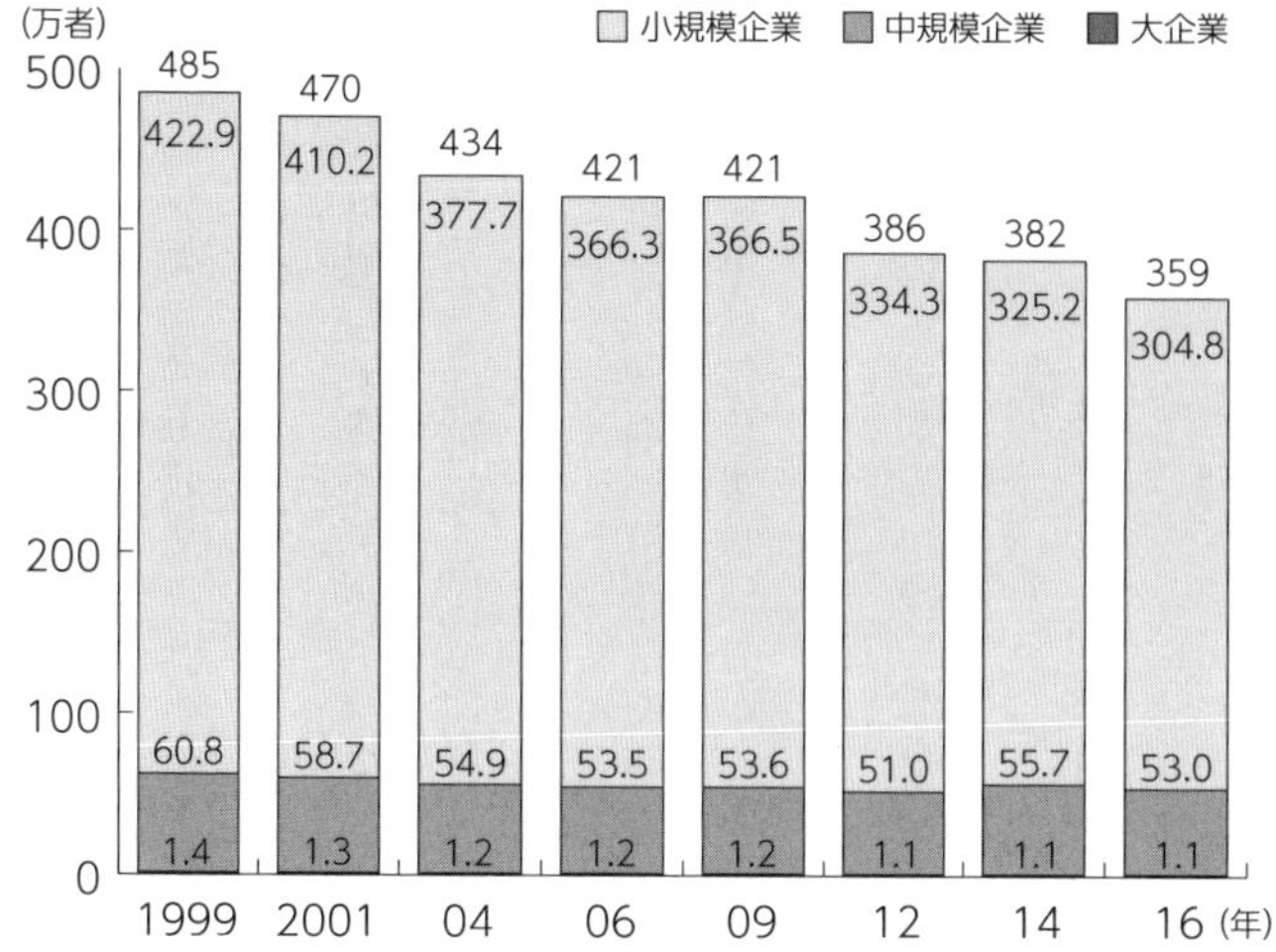

出所：中小企業庁「2020年版 中小企業白書」

企業数の85%を占める小規模企業が危機的な状況に追い込まれつつあるというのが現状だ。

小規模企業の多くはローカルにあり、地域の経済と経営者家族も含む域内雇用を支えてきた。

しかし、戦後のベビーブームによる域内の人口急増を背景に事業拡大を続けてきた多くの事業所が、少子高齢化という背景の逆転現象に対応できずに事業を閉じていったのだ。

「負の連鎖」という現象がある。たとえば、地域の商店街で隣が空き店舗になると業績が下るケースが多く、両隣が空き店舗になると、いかにがんばっても業績が急激に下がり、閉店に追い込まれるケースが圧倒的に増える。そして、あっという間に「シャッター通り」になってしまう。「空き店舗が空き店舗を増やす」という負の連鎖である。

事業承継問題も後継者がいないということではなく、業績が下がり、跡を継いでも「食べられない」可能性が高いということが主因である。

問題の本質は「域内の供給量を消費量が遥かに下回っている」ということであり、従来型の地域型活性化策はほとんどの地域で実効性を得られなくなっている。

小さいエリア（市町村）ほどマイナスの影響は早く大きい。このまま行けば、やがて地域行政自体が立ち行かなくなるのは自明だろう。

近代化と称して進められた「同質化」

ローカルの中小企業が激減したのは、「同質化」と「近代化」を勘違いしたからである。

戦後の日本経済は「キャッチアップ」型で進められ、先進国アメリカに追いつけ追い越せとばかりに欧米指向に走った。それはやがて、地方は都市部（東京）を「真似ることで近代化して行くべきだ」との方法論となり、経営の近代化・合理化が進められたのである。

しかし、それは、真似ることで中小と大手の同質化を生むという皮肉な結果をもたらしてしまった。

「売れ筋」指向が重視され、東京（都市部）で売れたモノを仕入れて、東京風に売り込むという手法が重視されるようになっていった。いわゆる、東京（都市部）の真似による地域商業の近代化だった。

そうしたなかで、都市部に本社を置く大手企業が、ショッピングセンターと称して東京の街ぐるみの様相で出店してきた。

気がついたときには地域の小売業は製造小売業も含め、大手との「同質化競争」に巻き込まれていた。同質化の本質は「同じモノを扱うのであれば、結果的に大は小を兼ねることになる」ということで、地域商店街の仕入販売小売店のほとんどが大型店に客を奪われ、売上を縮小していった。

加えて、少子高齢化による消費減退が進み、当のショッピングセンターですら退店を余儀なくされる事態となってしまった。もはや、地域の事業者が地域消費のみに依存して妥当な収益（儲け）を上げることは難しい。

ローカルの中小企業が激減したのは、「同質化」と「近代化」を勘違いしたからであり、結果的に**ローカルの持つ「地域性（伝統・文化・風物）という得難い差別化要素」を失いつつある**のだ。

「同質化競争」しないための「差別化」が勝ち残りの条件

少子高齢化で商圏の購買力が減少するなかで、中小企業が大手に負けずに機を見て勝ちをとるには、自分より大きな企業とは同質化しない差別化戦略をおいてない。

アメリカの経営学者フィリップ・コトラーによると、「同質化競争」とは次のようなものだ。

「同質化競争」とは、競争相手が差別化戦略を用いてきた際に、それと同じ戦略を採用し、相手の差別化を無効にする戦略のことである。同じ戦略であれば、より資本、規模が大きいほうが有利になる。大手企業が中小企業もしくは零細企業に対して、同質化戦略を行なった場合、大手企業が市場において非常に有利となる。

古今、すべての戦略の要諦は「戦わずして勝つ」にあると言える。「戦わずして勝つ」とは、実際に戦闘や争いを行なわずに、戦略や計略によって勝利を得ることを指し、孫子の兵法は「戦わずして勝つ者こそ真に善の善者である」と言う。

競争すれば、勝者も敗者も多少の差はあれどもダメージを負うことになる。ましてや、同質化競争になれば小が大に勝ることはあり得ない。

同質化を避ける要点は「差別化戦略」にある

差別化戦略は、マイケル・ポーター（経済学博士、ハーバード大学大学院教授）が著書『競争戦略』のなかで、競争戦略の3つの基本タイプ（コストリーダーシップ、差別化、集中）の1つとして提案した。

差別化戦略は、企業が他の競争企業とは異なる製品やサービスを提供することで、顧客から高い評価を受け、競争優位を築くことを目指す戦略の1つである。

新たな差別化戦略として「ブルー・オーシャン戦略」（INSEAD：欧州経営大学院教授W・チャン・キム、レネ・モボルニュ）が注目されている。

ブルー・オーシャン戦略とは、競争が少ない、または存在しない新しい市場（ブルー・オーシャン：青い海）を創造し、従来の競争の激しい市場（レッド・オーシャン：赤い海）から離れることを目指す戦略。

このアプローチでは、企業は独自の価値提案を通じて、競争を無視し、新しい市場で利益と成長を追求することができる。ブルー・オーシャン戦略はイノベーションと価値創造に重点を置いており、市場のルールを再定義することで競合他社とは異なるビジネスモデルを確立することを目指している。

これらの差別化経営戦略は依然として「先駆者」「大手企業」に有利に働き、ローカルの中小企業が大手のやったことをそのまま真似する形で後追いすると、「同質化の罠」にはまってしまう可能性が高く、ローカル・中小企業の経営に取り入れることは難しい。

ローカル・中小のシン・差別化戦略「1/1000マーケティング」

- どんなにクセのあるモノでも、商品として作られたものなら、買いたい人は「1万人に1人」は必ずいる。
- 1万人に1人でも、ネットを通じて人口の多い都市部や全国を対象にすれば、ビジネスを構成し得る顧客数が確保できる。
- ローカル性とは地域の自然の風光、伝統、文化であり、それに立脚した製品・商品は他には真似のできない強い差別化力を持っている。
- ローカル性の高い商品は、DXを通じ効果的、かつ効率的に大都市圏へと発信されることで、確実な強みに変わるすなわち「1／10000マーケティング」とは、「1万人に1人に買いたいと思わせるローカル性を軸にした商品を、DXを通じ大都市圏へと発信する」ことで、ローカル・中小企業の売上と粗利を引き上げることによって活路を開くというビジネス戦略である。

「売れるモノ」を売るな、「売りたいモノ」を売れ！

地域型の中小企業であるあなたは商売をするにあたって、「どんなモノを売りたいですか？」と問われ、「それは、誰でも買ってくれるモノ、すなわち売れるモノ」と言ったら、そこで苛烈で不毛な価格競争に巻き込まれ、確実に儲けを失うことになる。「売れるモノ」、すなわち「売れ筋」は、どこかで売れているという情報に基づく。結果的に売れ筋は「後追い」になり、価格競争に巻き込まれ中小企業に利得をもたらさない。

中小企業にとって売れ筋とは、ウチ（地域と自社）にあるものから考え出す・作り出すものだと考えるべきだ。

「自分が売りたいとモノ」とは、そのモノにあなた自身が興味と関心があり、それが「好き」であるはずだ。であれば、あなたと同様にそうしたモノ（商品）に「興味と関心を持ち、好きだと思ってくれる人」は、1万人に1人程度は必ずいる。

それが、1／10000マーケティングの真骨頂だと考えていただきたい。

たとえば、東京都の人口は1400万人で、1万人に1人でも1400人になる。1人に月間に1000円買ってもらえれば、年間で1万2000円となり、売上額は1680万円となる。ここ20年で下がった売上を数年でカバーできる可能性に満ちているのだ。

一都三県（東京、神奈川、埼玉、千葉）で考えれば4432万円の売上となり、従業者の雇用も十分に可能な規模になる。

1／10000マーケティングとは、他には真似ができない「それぞれの地域独自の伝統・文化・風物等に培われた、独自の製品・商品・サービスの付加価値」を基に、

大手企業が手を出しにくい超ニッチ・マーケットを、すなわち「大手にとって規模的に小さすぎて効率・効果が得られない、よって手を出さない、出せない」範囲としての「1万人に1人」を対象にして、顧客との人間関係構築（生涯顧客化）を軸に、事業拡大よりも事業の持続性に重きをおく、ローカル・中小企業のためのマーケティング手法である。

地域性の強い独自性の高い商品を中心とした「商品的ニッチ」と、1万人に1人という「人的ニッチ」を組み合わせることで、顧客との感情的な絆も含め、本来的な信頼関係を築けることから「生涯顧客化」を実現でき、安定した売上確保が可能になる。

1／10000マーケティングという超ニッチ対応を可能にするDX

DX（Digital Transformation）とは、デジタルトランスフォーメーションのことで、「ディーエックス」と呼ばれている。これをビジネスに即して、簡単に言ってしまえば、「ビジネスにおける、あらゆる業務部分でデジタル化できるところはデジタル化してみよう。そうすることで売上拡大の可能性が見つかり、各業務におけるコストは大きく下がり、収益性がよくなる」というだけのことであり、決して難しいものではない（ＤＸの具体的な対策については3章で詳述）。

さて、超ニッチとも言うべき1／1000マーケティング・ビジネスモデルは、従来のハード（店舗施設等）中心の販売・営業システムでは無理だった。しかし、コロナ禍の3年間で、ＤＸ対応としての「ネットを介することで、覗ける、聞ける、応える、といった実店舗と変わらない」画面を通したネット・ライブ販売が実用化したことでにわかに現実化したのだ。

すでにインスタ・ライブを用いた、お客と販売者のフェイス・トゥ・フェイスの販売で実績を上げているケースも増えている。

ホームページとＳＮＳを有効に組み合わせること、すなわちＤＸ対応でインターネットを通じ国内外の人々とつながることができるため、1万人に1人というコアなターゲットを集めやすくなっており、ビジネスモデル（儲かる仕組み）としての可能性は現実化しつつある。

たとえば、インターネットを活用し、北海道網走の魚屋がホッケの干物を対象顧客にスクリーン上で対面販売ができ、それは実際の店舗販売とほとんど変わらない形で顧客に「おいしい食べ方」等の有益情報を提供し、購買を動機づけることになる。コストは限りなく0円に近く、今の店舗で販売をするのとほとんど変わらない。

ほぼゼロコストで北海道から沖縄に向けて、地域名物を適正価格で販売することが可能になったのだ（高騰する物流コストの価格転嫁の方法については2章を参照）。

$\frac{1}{10,000}$マーケティング事例

秋田県南秋田郡八郎潟町　斉藤石材店　斉藤壽幸さん・暁子さん

地方商店街から都市部消費者へシフト、墓石店が作った「石臼コーヒーミル」

――「1万人に1人でも、全国展開なら1万2000人を超える」と、ターゲットを明確にして絞り込んだライブ型販売を進めたいと動き出す。

1／10000マーケティングに向けた販売チャネルのDX化へ

全国的に少子高齢化に伴う人口減少に加え、地域コミュニティが失われつつあるなかで、新たな墓石ニーズの掘り起こしは難しい。

同店もそうした例にもれず、三代目の現社長が家業を引き継いだものの、墓石販売の売上減少に歯止めがかからない状態となった。やむを得ず特殊な加工を要求される「護岸用の特殊石材加工」の業務に入るが、それも機械化と競合の関係で減少傾向にあり、経営的に難しい状況に追い込まれつつあった。

そんなあるとき、地元の小学校で「石臼体験」が行なわれたことをきっかけに、コーヒー好きの妻が「石臼のコーヒーミル」を思いつく。試行錯誤を繰り返し、「妻もうなずく、石臼コーヒーミル（家庭用）」が完成した。しかし、人口が1万人に満たない町で、1台6万8000円（当時。現在は8万円）の石臼コーヒーミルはまったく売れなかった。

諦めかけたある日、地元商工会から声がかかった。県の事業で東京での物産展に出展する話が持ち上がり、すがる思いで出展を決めた。

展示会には妻が参加した。驚いたことに、初日に2台が売れた。そして展示会の3日間で7台が売れたという。とあるコンサルタントが言った「鐘1つ、売れぬ日はなし、江戸の春」の川柳が現実味を帯び、1400万人都市の購買力を感じたと言う。

さらに驚いたことに、後日、購入者から「石臼コーヒーミルで挽いて飲んだコーヒーがおいしかった」と、お礼の手紙がプレゼントと共に届いた。加えて、購入者の紹介で新たな顧客の購入申し込みが届いたのである。これに背を押される形で、経営者夫婦は都市部をターゲットに、特殊性の高い商品に絞ってのネットを通じた販売へと本格的に乗り出すことに決めた。

店の総売上約3000万円の、未来の見えないローカル石材店にとって、都市部をターゲットにした「石臼コーヒーミル」は、年間売上約400万円（57台）と芽が出はじめた段階で、「これから売上を伸ばすのはこれしかない」との思いで取り組んでいる。

小規模事業者の展開戦略のポイントは「戦いを避ける。すなわち戦わずして勝つ」、要するに圧倒的な差別化の効く製品化にある。しかし、差別化の深化は顧客を絞り込むことに直結する。ターゲットの絞り込みは母数となる域内の消費人口に比例する。さらに折からの人口減少化のなか、日本の企業数の過半を占めるローカル・中小店（企業）は打つ手を失ったかに見えた。しかし、新たなテクノロジー（スクリーンを通じた対面型コミュニケーション）をDX的に捉え直すことで、秋田から全国、そして世界が狙える可能性が見えはじめたのである。

他にない可能性に向けて考えることで、強い差別化力が生まれる。後は、安全性を中心にビジネス化を考える。こうした考え方が、1／10000マーケティングにおける発想のポイントだ。

人は十人十色

人は他人と同じでありたい反面、人との違いに自らのアイデンティティを求める。たとえば、一般的な消費性向として、人は多くの人が支持しているものに対して興味・関心を強める。結果的に多くの人が支持するがゆえに、さらに多くの人が支持し、流行化する。

要するに人と同じであろうとする消費性向で、経済学的には「バンドワゴン効果」と呼ばれるケースである。

一方で、多くの人が持っているものに対して、人と同じものは嫌だ（スノッブ効果）という人もいる。簡単に入手できるありふれた商品よりも、希少性や限定性が高い商品に魅力を感じる人だ。

「私って〇〇なヒトなの、だからこれでなきゃ駄目なの」と言うなかに、その人のアイデンティティが現われている。そこには「商品の価格が高いほど需要が増加する現象（ヴェブレン効果）」も考えられ、1／10000マーケティングの可能性は高い。

これが、1／10000マーケティングのユーザーである。

経済学理論から見ても、かなりクセのある商品やサービスに対して、1万人に1人程度の割合で興味を持つ人がいることがわかり、こうした商品に需要はあると考えられる。

相当にクセのある商品でも、SNSを活用すれば顧客を見つけることが可能になってきているのだ。

「売れっこない」を逆手にとるのも、1／10000マーケティングのポイントの1つだ。

「嫌い」の裏に「好き」がいる

代表的なブランドの多くが、「好き」「嫌い」の二極化傾向を有している。

ユーゴブ・ブランドインデックスによると、世界ブランドのマクドナルドは、「大好き　33％」に対して、「大嫌い　29％」という結果である。スターバックスも「大好き33％、大嫌い　23％」という比率で、それがブランドとしての強い差別化力となり、「大好き」な顧客を引きつけて離さない。

もはや、誰からも好かれたい八方美人ではブランドたりえない。

こうしてみると、恐れずに「自分が好きなモノ」を提供することが、理に適うということになる。

世界一大きな「商店街」に世界一「小さな支店」を出そう

地域商店街の衰退を後目に、ウェブ商店街（ネット通販市場）はコロナ禍の3年間も含めて売上は順調に伸び続け、2021年には20兆円を超える国内最大の商店街に変貌している。

そして、この日本一の商店街への出店コストは極端に低く、パソコン1台、場合によってはスマホ1台で無料出店が可能なのだ（楽天、メルカリ等のモール型ネット通販の場合は、出店料と販売手数料がかかる）。

小さなマチで大きな商売、大きなマチで小さな商売がこれからの繁盛の鉄則

わかりやすく、飲食業で見てみよう。

人口3000人の村の商店街（小さなマチ）では、イカ墨パスタ専門店という単一メニューの小さなミセは成立しない可能性が高い。しかし、東京銀座のような（大きなマチ）であれば、イカ墨パスタ専門店でも成立する可能性は高い。

一方、地方の小都市の商店街の食堂は、麺類から丼物まで網羅した大判（大きな）メニューでなければ難しいのが道理だ。

コロナ禍で長足の進歩を遂げたライブコマース

ライブコマースとは、リアルタイムのビデオストリーミングを通じて商品やサービスを販売する、販売者とお客による双方向のビジネス形態である。

ネットを介したライブコマースでは、販売者が直接お客と対話し、画面を通じて商

品を詳しく紹介し、お客の都度の質問に答えることができる。その上、遠隔地（世界中どこからでも）のお客に対して、実際の来店接客応対や顧客先に訪問する販売・営業行為と何ら変わらない対応が可能である。

販売者はパソコンの画面を通じて、商品等を紹介する際に、視聴者（お客）の顔やしぐさから興味や要望にその場で反応できる。

さらに、動画等を用いて商品のデモンストレーションを実施したり、視聴者からの質問に直接答えたりすることもでき、個々のお客のニーズに的確に対応し購買意欲を高めることができるのだ。

実際にライブコマースを経験している人からは、「実店舗販売と変わらないし、映像による距離感のせいか、押しつけがましさが軽減して好感が持てるとお客様がおっしゃっていました」との意見もある。

パソコンを介しているとは言え、互いの顔が見えることからお客の安心感・信頼感はリアルの販売より高まるケースも少なくなく、1／10000マーケティングのよ

図2● インターネット通販の市場規模

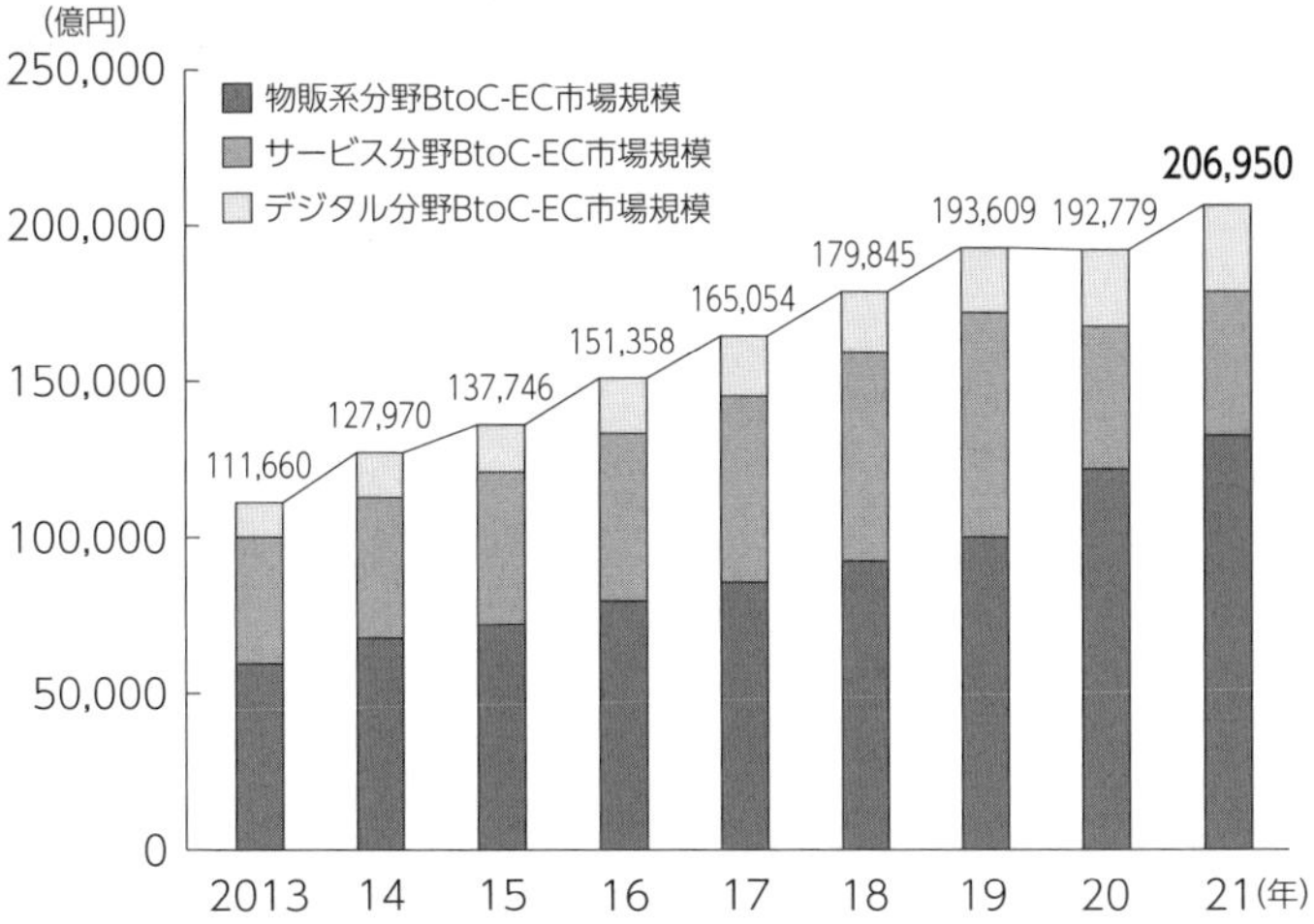

出所：経済産業省「令和3年度 電子商取引に関する市場調査」

うな超ニッチ商品・製品の場合には固定客化する可能性は高い。

1／10000マーケティングの「超ニッチ商品」では、固定客化に結びつくお客との信頼関係が構築されやすく、生涯顧客化につながることも多い。

オンライン販売・営業技術、すなわちライブコマースは、1万人に1人しか買わないような商品・製品を買ってくれる1人を世界中に求めることを可能にしたのだ。

たとえば、中国のアリババグループの主催する「独身の日」販売イベントは、10日間のセール期間での総売上が9兆円を超えている。日本から個人がライブコマースで化粧品を紹介販売したケースでは、期間中の売上高が1億円を超えたケースも報告されている。

こうしたライブコマースでは翻訳機能の利用も進み、世界が1つの商店街モールと化している。

あなたの一押し商品のみで、東京に、全国に、そして世界に打って出る時代になっている。

そう、世界一大きなマチに世界一小さなミセを出すことが、新たな儲けを生むのだ。

「地域にこだわり」つつ、「地域を超える」時代に

ＤＸは企業の規模を無化し、世界市場を限りなく平等化し、ローカル・中小企業にとって得難い機会を与える〝装置〟である。

要するに、**ＤＸはローカル・中小企業の強い味方**なのだ。しかし、多くの人がＤＸは都市部の大手企業でないと機能しないのではないかとＤＸ対応にしり込みし、せっかくのチャンスを逃している。

ＤＸ時代のいま、１／１００００マーケティングで考えれば、ローカル・中小企業でも大手企業と同一市場で「勝てなくても負けない勝負」が挑めるのだ。

１／１００００マーケティングは、戦略論的に言えばローカルの中小企業が仕掛ける「ゲリラ戦」に近い。それは「負けはしない」が「勝つこともない」という矛盾し

た状態を指すことになる。

たとえば、商戦という言葉に沿って戦略論的に考えると、「攻撃とは単に攻める」「防御とは単に守る」ことと捉えられ、両者は対立的で相互に転換できないものと考えられる。しかし、弁証法的に考えてみると、攻撃と防御は対立しながら相互に依存し、場合によっては攻守を転換できる可能性もあるのだ。

負けずに戦い続けて、勝機（商機）を捉えて勝ちに出る。場合によっては攻めながら守る。守りながら攻めるといった考え方も必要だ。

1／1000マーケティングは、単一商材を中心に客個人にしっかりと購買のクサビを打ち込みつつ、関連商材を適切に勧めていくことで、顧客をしっかりとつなぎ止めていく戦略と考えてもいい。

大手の扱う必需品（生活必需品）に直接抗うことはせず、**同じモノでもお客が感じる価値をずらしていくことで感覚的な差別化をはかる戦略**でもある。

基本的には次にあげる「独自の要素」、すなわち地域への愛着とこだわりが付加価値につながることが少なくない。

地域の自然（風光・水・土・植生）

小説家の水上勉氏は幼少期、京都の禅寺で精進料理を仕込まれたという。その彼が書いたエッセイ『土を喰う日々―わが精進十二カ月』（新潮文庫）は、婦人雑誌に連載され人気となった。

四季折々の収穫物は土からもたらされる。本当においしいモノとは、土地柄にあった優れた土壌から収穫されたモノであろうことは想像に難くない。

東西3000㎞を超える日本は、同じ月でも気温も湿度もまるで違う。そもそも収穫期も違う。それ故に、それぞれに珍しいと思えるモノが少なくない。地域ごとのそれぞれの旬を使った食品はとても魅力的に思える。そうしたモノの特徴を最大限に活かすことで、ローカルから都市部へ、そして西から東へ、北から南へ、商機を捉えることは可能だ。

地域の伝統・文化（食文化等）

地域の農産物・水産物をおいしく食べるとしたら、その地域に伝わる伝統的な手法での調理がいいように思える。少なくとも地産・地方（地域のモノを地域の調理法）で食べることで、豊かな食の世界が広がるのではないか。

訪日外国人旅行者に対するアンケート調査では、「日本食（和菓子も含む）が食べてみたい」は90％を超えている。そして、地域らしい蘊蓄はおいしさを倍加するだろう。

$\frac{1}{10,000}$マーケティング事例

長野県上田市 かぐやふぁーむ 佐藤ゆかりさん・尾美保さん

地域独自の風土で差別化をはかる。祖父母の歴史と地域の風土（温泉）を活かしたいとの思いからスタート

——温泉地の土壌に発酵済み酵素を使った独自の土作りからスタートしたミニトマトがサロンの人気を集める。

長野県上田市には、戦国時代に武田信玄の隠し湯であったという地域の名湯・大塩温泉がある。大塩温泉をもう一度活性させたいという思いと、この素晴らしい温泉を後世に残してあげたいという気持ちから、温泉の効能を活かした「温め健康サポートサロンkagu*ya」を立ち上げた。

しかし、域内の人口減少が進み、客数の伸び悩みを感じはじめていた。オーナーの佐藤ゆかりさんは、「健康サロン」として健康を考えたとき、「医食同源」という言葉に出会った。健康にとって「食べる」こと、それも健康にいいものをおいしく食べることが重要なのではないかと気づいたと言う。

ミネラルたっぷりな地場の温泉と発酵済み酵素を使ったオリジナル肥料で地球に優しい土作りをし、「〝土壌にも人にも負担にならない〟栽培方法で育てた野菜」をテーマに「ミニトマト」を中心に栽培、そして販売をはじめた。

DXへの取り組みははじまったばかりだが、ホームページにはスタッフのいきいきとした様子と、元気でおいしそうなトマトが上手に表現されている。今後、サイトへのアクセスとコンバージョンを伸ばしていくだろう。

今後はSNSを中心に積極的な情報発信を進めていく。

1/10,000マーケティング 事例

長野県上田市 鎌原まんぢゅう 中村穣さん・沙妃さん

信州最古の温泉「別所温泉」鎌原まんぢゅうの「北向き観音・厄除饅頭」

――地元老舗和菓子店の跡継ぎの若夫婦が作る、地域の伝統文化を活かした「厄除招福饅頭」の未来。

別所温泉で著名な長野県上田市には、国宝や重要文化財をはじめ数多くの文化財が点在している。なかでも平安時代初期の天長2年（825年）、比叡山延暦寺座主慈覚大師円仁により開創された霊場に建つ北向観音は、「厄除招福」の霊験あらたかで知られる。「地域の縁起」を織り込んだ「厄除招福饅頭」は、地域土産として高い人気がある。

1万分の1を目指して

自店での直売に加え、地元の有力温泉旅館で委託販売を行なっており、順調な売れ

行きを示しているものの地域内需要はやや落ち込んでいる。

そうしたなか、コンサルタントからのアドバイスを受け、それに代わる新たな販路として、「朝の元気デザート、厄除小豆まん（血圧や血中コレステロール値を下げる健康効果の高い小豆を使った、高齢者向け饅頭）」という新製品を考案した。

そのあらましをまとめたパンフレットを、土産販売のパッケージ内に入れることを考えている。このパンフは、土産品購入客に土産と一緒に人に配ってもらうことを意図している。

また、パンフには同店のサイトのURLを記し、厄除招福の北向観音の12ヶ月を配信したいとしている。こうすることで、観光・湯治客を周年型の固定客化することを考えている。要するに、観光客の「生涯顧客化」を目指そうということだ。

高齢者の朝食はパターン化するケースが多いそうだ。仮に1個150円で毎朝の健康甘味デザートとして夫婦で食べてもらえれば、1ヶ月で9000円の売上が見込める。1年で10万8000円。都内を対象に1万人に1組なら、1400組×10万8000円で年1億5000万を超える計算になるとも。半分にしても、7000万円を超える可能性が見える。

「やったことがないから」と尻込みしていては、何も変わらない。今後はDX対応に向けた取り組みにも、真剣に向き合いたいと言う。

これからは「売上」よりも「経常利益」重視の経営体質に

粗利益率の高い会社のほうが「売上も上がる」が事実

「薄利多売」「価格破壊」が持てはやされた時代があった。しかし、カリスマ経営者と言われた中内㓛氏が率いた薄利多売の先鋭企業「ダイエー」は、もはや存在しない。

薄利多売を実現するには、経営を合理化し、経費圧縮をはかることが大きなポイントになる。

しかし、一歩間違うと経費圧縮が従業員の意欲低下を引き起こし、結果的に業務プロセスの悪化に直結し、顧客対応が劣化してしまう。そのため、客離れや商品管理不備を引き起こし、さらなる客離れや商品ロスの増加につながる。

加えて「低粗利ビジネスモデル」では、集客力の高い好立地への出店は難しく、売上は上がりにくいことになる。

バブル崩壊からはじまった「失われた30年」で、潰えた企業が増加した。そのなかで、ローカルの中小企業から世界的企業に飛躍したユニクロ、不況に喘ぐ家具業界を後目に全国展開に成功したニトリ、新規創業でスタートした眼鏡のＪＩＮＳなどは、いずれも高粗利型の企業である。

時代は「薄利多売」から「厚利多売」へとシフトした。

粗利の高いこと、すなわち適正な粗利で経営を進めることで、スタッフの意欲も威力も最大限に高められ、高い固定費をカバーして好立地への出店が可能になり、売上を大きく伸ばしていけるのだ。

なぜ、地方百貨店は減少化から抜け出せないのか

２０１９年は、１月の北海道函館市若松町の名門百貨店「中合《なかごう》棒《ぼう》二《に》森屋《もりや》店」の閉店を皮切りに、１年間で９店舗の地方百貨店が閉鎖した。２０２０年には12店舗と閉店の勢いが止まらない。

地域内消費者の減少が要因

地方百貨店の多くは「憧れの東京スタイル（接客応対と品揃え）」を並べて見せれば売れたし、売れると信じ続けた。しかし、それはバブル崩壊そしてリーマンショックをきっかけとする所得の減少に伴い、高級品への購買意欲が減少したこと、加えて域

内の人口減少による顧客数の減少のダブルパンチを受けた。

加えて、SC（ショッピングセンター）が地方郊外へ進出したこともある。生活必需品商品中心だが、それでも百貨店の品揃えを凌駕するSCの地方郊外への出店が相次いだことで、地方百貨店は顧客を奪われ続けた。

さらにさらにコロナ禍を期に、地方でもオンラインショッピングが急速に広がり、自宅や職場から簡単に商品を購入できるため、地方百貨店へ足を運ぶ機会が減少している。

百貨店を中心とする**小売ビジネスが儲からないのは、「ミセ」「ヒト」「ザイコ」のせい**である。

「ミセ」、すなわち店舗にとって、夏冬の空調、店舗の維持管理コスト、膨大な建設コストに伴う減価償却と固定費は大きく、経営を圧迫する。

「ヒト」は販売員・管理要員等々になる。たとえば、販売員は「売れても、売れなくても」給与は変わらない。結果的に売れなくなっても人件費は従来のままで重くのしかかる。したがって売上減少期を乗り切れない。

「ザイコ」は一般的な中小の小売業では、買い取りリスクが高い。

たとえば、アパレルファション商品は「流行」が過ぎてしまえば付加価値を失うことになり、二東三文でも売りにくいのが現状だ。結果として不良在庫におされ、資金繰りが行き詰まってしまうケースが少なくない。

百貨店には「委託販売型」という方式もあり、在庫リスクは避けているものの、結果的にはテナントに在庫リスクを押しつけているだけで根本的には何ら変わらない。

もはや、地域における「ミセ型ビジネスモデルの完成型」とも言うべき地方百貨店は、外部環境の変化を考えると衰退から抜け出すことは難しい。

小売業界の華であり夢であった百貨店は、「ヒト余り、モノ不足という高度経済成長期型のビジネスモデル」から抜け出せなかったと言う他ない。これは、ショッピングセンター型ビジネスモデルにもおよび、地方の小型ＳＣの閉店が相次いでいる。

オミセ（Shop）とオタナ（Store）の違い

「オタナ」とは英訳すればストア（Store）である。「積み重ねる」「保管する」という意味を持っており、商品や物品を保管、販売、提供する場所を指す言葉として使われている。

日本語の「オタナ」は「棚」に由来する。大店《おおだな》は大きな棚にたくさん商品が並んでいる様子を現わしており、仕入れた品を並べて販売する形式ということになる。「百貨が並ぶ大棚」で百貨店が代表格だ。これらはおおむね、仕入・販売のストア型だ。対して「オミセ」は英訳ではショップ（Shop）であり、古くは「小屋」や「作業場」を意味しており、物品を販売する場所や仕事場を指している。

日本での「オミセ」は「見せ」であり、商品を作っている様子を「見せ」ながら、売る店ということになり、製造・小売型となる。

単純に比較すれば、「仕入・小売がオタナ（Store）」、「製造・小売がオミセ（Shop）」

ということになる。

不況期も伸びたオミセ（Shop）型業態

バブル崩壊とその後のリーマンショックによる経済不況のなかで、世界的にも百貨店を中心にしたストア業態は急激に減少した。

小売不況と言われるなかで急伸した小売業態は、生活必需品対応では「コンビニ」であり、専門店対応で言えば、ユニクロ（衣料）、ニトリ（家具）、ＪＩＮＳ（眼鏡）があげられる。

コンビニは部分的ながら、セブン-イレブンに代表されるおでんのような「オミセ」的な対応があり、ユニクロ、ニトリ、ＪＩＮＳはＳＰＡ型のビジネスモデルであり、製造・小売の「オミセ」対応だった。

ＳＰＡ（製造小売業）化は今後、すべての小売業種の重要な課題となる。

※ＳＰＡ型ビジネスモデル：ＳＰＡはSpeciality store retailer of Private label Apparel の略で、製品の企画・デザイン・生産・販売・流通までを自社で一貫して行なう仕組み。これにより

小売ビジネスにおける「バリューチェーン」間の中間コストを自らのモノとすることが可能になり、一気に高粗利化を実現できる。結果的には価格競争力を高めつつ高粗利を維持できる。製造加工から販売までの一貫体制（ＳＰＡ）なら、粗利は80％に跳ね上がる。この点で、ＳＰＡ（製造小売業）は薄利多売ではなく厚利多売なのである。

高収益化を実現する「マニファクチャリング・リテール」業態の可能性

地域型商店街の状況悪化が言われて久しい。現状では「シャッター通り商店街」などと揶揄される事態まで起きている。

しかし、そうした商店街のなかにありながら、依然として経営的に成り立っている店がある。それらは、惣菜屋、パン屋、和菓子店、洋菓子店といった、製造・小売型。すなわち「マニファクチャリング・リテール」業態なのだ。

「**人的効率化**」こうした、製造・小売型はヒト的には「製造者と販売者」が同一である場合が多く、一人当たりの生産性が高い。

【在庫効率】在庫リスク的には、コストは原材料費が大半で、製品に占める原価割合は比較的に小さく、リスクは僅少と思える。また、加工の如何によって長期的に使用できる。もちろん、流行り、廃りといったデメリットはない。

【店舗費用】顧客のほとんどが目的買いで、店での滞留時間は短いため、内装等に資金をかけずに済む。

マニファクチャリング・リテールだから「適正価格で高粗利」

一般的な仕入型小売販売の場合、粗利益率は30〜35％になるが、買取りが前提で在庫リスクが大きい。万が一、売れ残り、デッドストック化すると資金繰りにまで影響してしまうことも少なくない。

製造・小売型の場合は、食品関連（惣菜等）で40〜50％程度の粗利益率となる。原材料費としては30％未満で済み、在庫リスクは非常に少なく、資金繰りに影響を与えることもない。

図3●バリューチェーンの概略

小物、家具等の場合は価格設定にもよるが、オーダー、セミオーダーで考えると、一般的に50～60％程度の粗利をとることが可能だ。

ユニクロ（アパレル）、ニトリ（家具）、ＪＩＮＳ（眼鏡）は２０００年代の成功企業だ。共通しているのは製造小売型、すなわちマニファクチャリング・リテールであることだ。

ユニクロは山口県のメンズショップがＳＰＡ化し、ニトリは北海道のローカルの家具店がそれに倣った。ＪＩＮＳは群馬県の新規起業からスタートし、ＳＰＡ対応で不振続きの業界に衝撃を与えた。

マニファクチャリング・リテールの強みは、バリューチェーンのほとんどの段階でバリューを自社の付加価値としてしまうことで、圧倒的な高粗利を実現しているところだ。

たとえば、１万円のセーターの原材料費は１０００～１５００円だが、バリューチェーンの経過を経て消費者が購入する金額は１万円になる。この中間利益を総取りに近づけるのが、マニファクチャリング・リテールだ。

ユニクロ、ニトリ、ＪＩＮＳは、適正価格で高粗利を実現している。

1/10,000マーケティング事例

広島県廿日市市　喫茶しま　山内晶子さん

宮島の喫茶店三代目が作る「瀬戸内レモンジャム」

――お客の要望から生まれた「イッ品」の「レモンジャム」。瀬戸内の島々で育てた果実や野菜が「しまのわカフェ」ブランドとして全国に出荷されていく。

スタバをはじめとした大手喫茶グループに席捲されるような形で「ローカル小規模喫茶店」は減少し、今では地域の人がひと息つける場としての喫茶店はほぼ見られなくなった。

そうしたなか、喫茶店とネットショップ販売を組み合わせた、三代続く喫茶店「喫茶しま」が瀬戸内の宮島にある。

国鉄で働いていた創業者の祖父が、退職後、やりたかった喫茶店を宮島ではじめた。その頃は祖母や母が手伝って、地元の人の憩いの場として営業していた。

やがて山内晶子さんの代になる。もともとはケーキ屋に勤めていた山内さんは、ご近所の「パンや食パンが食べたい」という要望を受けて、パンを作りはじめたそうだ。

喫茶店のメニューにサンドイッチが並ぶようになった。

宮島はもともと観光地として有名であったが、外国人の観光客が増え、宮島名物の穴子や牡蠣、お好み焼きを食べられない外国人が、サンドイッチを求めて訪れる機会が増えた。

「食べられない」を「食べられる」にしたい、山内さんはそう思いながらサンドイッチを作った。

そんななか、山内さんに転機が訪れた。瀬戸内しま博覧会というイベントで開催された「しまのわカフェ」だ。瀬戸内で採れた食材を使用することで、商品を「しまのわカフェ」ブランドとして売ることができる。

はじめは瀬戸内で採れたレモンをレモンスカッシュ、レモネードにして喫茶店で提供する程度だったが、レモンスカッシュ、レモネードを作る過程で出るレモンの皮、搾りかすがもったいないと思うようになり、レモンジャムやレモンピールを作り、ケーキにも使いはじめた。モーニングサービスメニューに添えられたレモンジャムを「おいしい」と感じた観光客が、レモンジャムをお土産に購入して帰ることが増えた。

お土産に持ち帰りたいと思うくらい、レモンジャムの優しい味は本物のおいしさであることの証明だ。

そこから、喫茶店の副産物の「手作りジャム」をネットで販売するようになった。季節のジャムを作っては、インスタグラムを活用して、観光で来店した方を対象に購買を働きかけている。

結果的に、実店舗販売と1／10000マーケティング型のネット通販で成功しつつある。

2章

ローカル・中小企業の強みとは?

昭夫と和子には一人娘の令子がいる。令子は地元の短大を卒業後、東京での就職を希望していたが、折悪しくリーマンショックの煽りを受けて不採用が続き、自家の手伝いの形で「食品スーパーカンノ」に入ることになった。令子は母親譲りなのか料理が好きで、惣菜の厨房を担当することになった。若い人向けの商品を作りたいなどという。

さらには、「もう、スーパーなんて無理だよ。このままでは不良在庫が増えるだけで支払いも難しいんじゃないかな?」と言いだした。昭夫は自分が否定されたようで腹が立ち、「お前なんかに経営のことがわかるか」と怒鳴り返す。

そんなことの繰り返しで、鬱々と日が過ぎていく。気がつけば、例のショッピングセンターはテナントの撤退が相次ぎ、キーテナントの撤退すら噂されている。

日本の人口は2011年以降、減少に向かい、特に地方では減少が加速している。ローカルビジネスの基盤は地域の消費人口にあり、それが減少に向かえば商業者が抗うことは難しい。

思えば、高度成長の残滓とも言える継続的な成長期に新たなビジネスを立ち上げた団塊世代の経営者の多くは、バブル経済に期待を寄せたが、バブルはあえなく崩壊した。さらにはリーマンショック、二度の大震災にも見舞われた。そのつど、地方と中小企業の多くは時代の激動にもてあそばれるような恰好で業績を下げていった。

やがて令子は東京の派遣会社に登録し、東京で働くと言い、家を出て行った。寂しく感じるが、給料も満足にあげられなかったことを思えば、反対はできなかった。

気がつけば65歳。店の売上は増える見込みもなく、借金を抱えたまま打つ手もなく、つらい時間が過ぎていく。そうした折、胃に不快感と痛みを感じるようになり、病院で検査を受けると胃に癌が見つかる。放っておいた期間が長かったせいか、かなり進行しているとのことで緊急の手術を告げられる。

月並みに言えば、長い苦労と心痛が災いし、癌に罹患してしまったというほかはなかった。運よく手術は成功した。

令子は母からの電話で父の入院を知る。

「ごめんね、私は勝手に飛び出したし、お店も大変だったもんね。お父さんも苦しかったんだね……。こんなときに言うのも何だけど、私、結婚したいの。派遣先の正社員の人で、とてもいい人なの。機会があったら、お父さんとお母さんに会ってほしいと思っていたの。手術もうまくいってよかったね。できれば、彼と2人でお見舞いに行ってもいいかな」

和子は「そうね、コロナのせいでもう3年も会っていないものね。お父さん驚くと思うけど、喜ぶかも。お父さんに聞いてからまた電話するよ」と電話を切った。

ほどなく、母から電話があり、令子はつき合っている彼、田中平三と父の見舞いに出かけた。

当日、昭夫は術後にしては元気に見えた。彼は義父に「田中と申します。このたびは大変でしたね。何かお手伝いできることがあれば、どうぞ言ってください」と律儀な挨拶をした。父は彼に好感を持ったらしく、終始和やかに彼の会社や仕事について聞き、最後に「田中君の仕事の話はデジタライズだのDXだのと半分もわからなかったよ。しかし、なんとなく将来性があるように感じたよ」と笑顔を向けた。

病院を後にした3人は、「もう遅いし、夕飯はうちで食べて行きなさいよ。これから帰ってもずいぶんと遅くなるんじゃないの?」という和子の提案に従い、令子の実家に向かった。

家に入るなり、和子は平三に向かって「お酒はどう?」と聞く。

「はい、嫌いじゃありません」

「で、何が好きなの?」

「あっ、はい、この時期だし、ビールが一番ですかね」

そこに、令子が口をはさむ。

「ヘイちゃんはビール大好き人間なの、肴はあれかな?」

「そう、店の残り物で悪いけど、カンノの名物鶏モツ煮」と母。

「ええっ、最高」と令子。脇で平三が怪訝そうな顔を浮かべる。

やがて冷えたビールが並び、店の厨房から出してきた鶏モツ煮にオニオンスライスが添えられた。別皿にはたっぷりのトマト盛り。

「お父さんの手術成功を祝してカンパーイ」と令子。

平三はビールをグッと飲んでから、鶏モツ煮に箸をつける。そして、「うめー、なにこれ、おいしいです。こんなの初めて」と唸る。

「ただの田舎料理なのよ」と令子。「でもさ、東京で食べたことないよな、これ、絶対ハマるよ」と平三。

鶏モツ煮でワイガヤが続き、夜は更けていく。

翌朝の朝食は、鶏モツ煮を小さく刻み、山椒を振りかけた茶漬けと白瓜の漬物。食べた瞬間、またもや平三が声を上げる。

「これうまい！　最高すね、鶏モツ煮茶漬け。感動もんです」

帰りの車中の話題は、「鶏モツ煮、要はローカルにうまいモノありだよね」に終始する。

「しかし、こんなにおいしいのに、何で売れないの？」と平三。

「田舎料理だし、地元の人以外でこんなにハマったのはあなたくらいよ。地域の人口は減少しているし、売れなくなって当たり前よ」と令子。

「ふうん」と言うなり、何やら考え込む平三だった。

「繁盛の青い鳥」は地元にいる

「繁盛の青い鳥（売れ筋商品）」を都市に探し求める時代は終わった。繁盛の青い鳥は地元にいることに、いま気づいて欲しい。

最近、「ローカル路線バス乗り継ぎの旅」「六角精児の呑み鉄本線・日本旅」「にっぽん縦断 こころ旅」とローカルを対象にしたテレビ番組が増えており、ローカル志向が高まっていることが窺える。そうした番組では、地元らしさのある物品やサービスが注目される。そして、その多くは地域の中小企業が製造・販売しているケースがほとんどだ。

あなたが、「古くさい」とか「田舎くさい」と言っていたモノが、都市部に暮らす高齢者には「懐かしい」、若者には「珍しい」「変わってる」といった価値を持つことも少なくなく、商材としての高い付加価値となる。

ローカル・中小企業には「売れるモノ」が溢れている

仮にも「商品として扱われているモノ」であれば、かなり売りがたいようなモノでも、1万人に1人ぐらいなら「欲しい」と思う人がいる可能性は高い。多くの人が、周囲の人が持っていない「珍しいモノ」に関心を示しやすいことは事実である。

たとえば、あなたの地域の特産の農産品・海産物等を使い、地元の中小企業が地元に昔から伝わる方法で加工・製造した商品には、「そこにしかない価値」があり、都会の在住者には「珍しい」「懐かしい」「自然・健康」といった付加価値がある。

そうしてみると、あなたの地域には都市部を中心とした一部の消費者から見て、「欲しいモノ」すなわち「売れるモノ」が溢れているのだ。

しかし、多くのローカル・中小企業の経営者は、マーケティング・マイオピア（近視眼的マーケティング)に陥っており、昔からある地域独自の製品・商品の新たな販売価値(付加価値)が見出せなくっている可能性が高い。

たとえば、地元の水を使って、地元の大豆を用い、地元独自の製法で作った「味噌」は、地元では当たり前過ぎて、これといった付加価値を見出すことができなくなっていないだろうか。

これを、「○○山の伏流水が湧き出る井戸水で○○産大豆を炊き込み、独自の糀で3年間も寝かせた、本当に身体によくておいしい○○の手前味噌!」といったキャッチコピーを使ってSNSで発信したら、欲しいと思う人は少なからず出てくるだろう。

必要なモノと欲しいモノ

「必要なモノ」と「欲しいモノ」は違う。

必需品は生活の維持に「必要なモノ」で、そうした商品・製品に対する消費態度は「安いに越したことはない」であり、「欲しいモノ」は気持ちと気分が優先し、「安ければよし」は通用しがたく、「高いことが一定の購買価値」につながる場合が少なくない。
人はパンのみにて生きるにあらず、だ。

地元には地元の価値が見えにくい

おいしい空気の中で暮らす人には、「おいしい空気を胸いっぱいに吸う爽快感」はわからない。蛇口をひねればおいしい水が出てくるなかで暮らしている人は、「水のおいしさ」に気づかない。しかし、都会の淀んだ空気と水道水を飲んでいる人にとっては、おいしい空気や水は素晴らしい価値に思えるはずだ。

「谷川岳のおいしい湧き水で練って磨いたクッキー」というだけでも、高い付加価値が感じ取れる。

ローカルにはそれなりの価値があることに気づけないとしたら、実にもったいないことではないだろうか。

あなたの地域・店・会社の商品・製品をもう一度、域外（都市部）の視点から見直すことで、売れる可能性が見つかることは少なくない。

地元の中小企業にとっての「繁盛の青い鳥」とは何か

それは、よそには真似のできない、その「地域独自の歴史・伝統・文化に培われた物品やサービス」ということになる。

それを家業的な独自の伝統・技法で体現する「作り手」「目利き」の人間性と合わせることでローカル・中小企業独自の魅力となり、それが大きなビジネス・シーズ（商売繁盛のネタ）となる。

それらの商品やサービスを、地域性と「作り手・売り手」がその商品の目利きとしての顔を添えてSNS等で知らせることで、日本中の人々に知ってもらい、顧客化できる時代が来ている。

しかし、ネット広告・情報の多くは意図したモノ、意図せざるモノを含め、信頼度は決して高いとは言えず、不信感を持つ消費者も少なくない。

そうしたなかで、ローカルの中小企業ならでは手法として、「作り手・売り手」の顔を見せることでネット上の広告の信頼を得ることがポイントになりつつある。

顔を出すことが「言っていることを信用してもらう」大きなポイントになり、これは中小企業ならではの販促手法として高い効果を持つだろう。

国際基督教大学の岩井克人客員教授は、「DAIAMONDハーバード・ビジネス・レビュー」（2014年7月号）で次のように述べている。

「人々は、情報の足し算でモノを買うわけではありません。社会が複雑になって不安定さが増し、情報も複雑化しているなかでは、専門的知識を持った人や会社など『目利き』が提供する情報のみが意味を持ってきています。だが、目利きを探すのは難しい。だれを信頼すればよいのか、みんなが求め始めたゆえに、会社が『顔』をあえて見せる必要が増してきているのです。」

目利きの顔効果――「顔」と信用・信頼

今や、インターネット空間は巨大な商業エリアと化している。もはや、すべてのビジネスは全面的にせよ、部分的にせよ、ネットに依存せざるを得ない。

2021年のネット通販市場は20兆円を超えたと言われる。SNSの実店舗に対する集客効果を考えると、商業的な売上効果は計りしれない。

一方で、売り手との直接的な「売り買い」ではないことから、不良品や偽造品ということもあり得るし、思ったモノとまったく違った商品に戸惑うことも、依然として少なくない。場合によってはフェイク広告ということもあり得る。

要するに、ネットを介した売買は、「信用」という問題に突き当たっているのだ。新たにローカルの中小企業が独自の商品・製品をネットで提案・提供、そして売買に至るためには、信用の構築が不可欠だろう。

信用は、人が人に与えるものであると考えることができる。そして、人は「顔」と「名前」で認識し、記憶するものだ。そこから信用・信頼の関係性(つながり)が生じ

素材・味・加工技術のこだわりを説く「魚匠がんこおやじ」

る。

顔と氏名を見せ、伝えることは、「責任を見せる、伝えること」と同義である。

顔はその人を表わし、かつ人それぞれである。ということは、顔は絶対的な差別化要素となり得る。

作り手、売り手は「専門家」であるべきであり、実際にそうである。言葉を換えれば、専門家とは、その商品・製品・サービスの「目利き」ということになる。

縮小した地域消費を超えて全国的な展開を目指すのであれば、ネット上に顔を見せる工夫も必要だ。

その地域ならではの商材を長年にわたって使い、その商品を見続け作り続けた「目利きである、あなたの顔」が、ネット上で信頼・信用の看板になる。

「そうか、この人（顔）が言うんだから、間違いなさそうだ。

ひとつ、買ってみるか」が、消費者の購買の動機づけになることに気づいて欲しい。

してみると、「地域性」と「目利きのあなたの顔」を組み合わせたサイト（ホームページ）が高い差別化力を発揮し、結果的にローカル・中小企業のサイトには、消費者の「欲しい」が溢れることになる。

しかし残念ながら、そうしたローカルかつ人的な魅力に溢れたホームページにお目にかかることは少ない。

あなたが、あなたの地域をあらためてもう一度見直し、忘れかけていた地域ならではの歴史・文化・風物に培われた「衣・食・住」のなかから、「懐かしさ」「優しさ」「珍しさ」「自然的健康性」「人間的つながり感」といった地域独自・その会社独自の付加価値に気づけば、あなたの地域には「全国の1万人に1人にとって欲しいモノが溢れている」ことになるだろう。

全国の1／10000を潜在顧客数とすれば、1万2000人に上る。1人に1000円買ってもらうだけで1200万円の売上になる。

$\frac{1}{10,000}$マーケティング事例

和歌山県新宮市 徐福寿司 里中陽互さん・佑吉さん

老舗とは「変わらないから老舗」ではなく、「時代に沿って対応を変えた」ことで老舗となる

――六十の手習いでスタートした現社長のSNSが新たな若年層顧客を呼び込み、売上拡大に成功。そこに三代目となる息子が戻り、新商品開発に取り組む。

徐福寿司の由来の徐福とは、「今から2200年ほど前、中国を統一した秦の始皇帝に仕え、その命により、東方海上の三神山にあるという不老不死の霊薬を求めて大勢の供を連れ、熊野に渡来したと郷土の歴史に刻まれた人物」

同店の名物の「さんま寿司」は塩漬けにした、さんまを使った保存食から発展した料理で、熊野地方では1500年以上もの歴史を持つ郷土料理。

現社長は二代目、修業中に先代から突然、「はよ、のれんを継げ」と言われ、20代前半で店を継ぐことになる。

地域名物の「さんま寿司」を中心に、折からの好景気のなか、駅前に出店するなど順調に売上を伸ばした。しかし、バブル崩壊・リーマンショックと景気悪化に加え、

同地もご多分にもれず少子高齢化が進み、消費人口減少で売上拡大が難しくなりつつあった。

そうしたなかで動き出したＳＮＳによる集客に取り組んだ。周囲の同業からは「何してるねん」のような否定的な声もあったが、アメブロ、ツィッター、そしてフェイスブックと取り組むなかで、新規の「若いお客が笑いながら、親しげに店に入ってくる」のを見て、「これだと」と膝を打った。

店は「人と人の関係による」と気づいたと言う。

初めて来店した若いお客が、私を見るなり「あっ、あの、おっちゃんや」と言ったとき、ネットの持つ力みたいなものを実感しました。と、里中社長

地域名物の「さんま寿司の目利き」である親父さんが作ったさんま寿司のおいしさは倍加する。そして、ファン化したお客はお客を連れてくる。

老舗とは、変わらないから「老舗」なのではなく、社会環境の変化に合わせて、経営革新（イノベーション）を続けてきたから「老舗」として残っている。

先代とどこを変えるか。三代目は新商品として地域で研究開発された「熟成魚」を使った「熟成寿司」の開発に取り組み、大きく成功に動きはじめている。

同店には、地域名物の「さんま寿司の目利きの親父さん」と「進化する熟成寿司の目利き」の2人がいる。地域の歴史と地域の新た技術を活かし、今後はこれらの商品を県外、国外も含めネット販売する仕組み化に取り組みはじめた。

地域の歴史と食文化に基をおいた、他に比べようのない商材を、地元の目利きがネットで紹介し、販売促進していくことで新たな可能性が見えてきた。

ローカル・ハイクオリティは間違っていないか?

買い手と売り手が人間的な関係を持てるのが小規模企業の強みになる。

ハイクオリティとは「上質」「高級」だが、場合によって「現代性にマッチしている」「スマート」「合理的」「都会的」等と捉えるケースもある。

ローカルの物品・販売方式はハイクオリティではないから売れないのだと考える人も少なくない。要するにクオリティが低いから、売れなくなったと考えているのだ。

本当だろうか。

たとえば、「田舎の小さなレストハウスでの手作りの結婚式」について、どう思うか。双方の親と友人のみの参列者。花嫁さんと女友達が手作りしたウエディング・

ケーキと男友達がワイワイ作ったカレーと地元産ワインだけの祝宴。「ひどい結婚式だね」の反面で、「こんなに温かくて素敵な結婚式は初めて」と言う人もいるかもしれない。

もう1つ、人口3000人の小さな村の60代以上の主婦達が、それぞれの家に伝わる昔ながらの味噌（手前味噌）を再現する「小さな村の手前味噌の会」の場合を見てみよう。

手作り味噌が定期的に届くビジネスモデルは、決してハイクオリティとは言えない。しかし、それぞれの主婦が作る家庭的な味とイメージに、「懐かしさ」や「人の温もり」を感じ、そうした商品に出会いたいと思う人がいる可能性は高い。

ロークオリティとは、製品・商品・サービスの質が低いという意味ではない。たとえば、機械による合理的な生産システムに対して、「手作り」という決して合理的ではないが、人間的な温かみがある仕組みを、あえてロークオリティとしている。そういう意味でロークオリティ商品には事業者それぞれの味があり、それが特徴で売れる要素を形成していると考えて欲しい。

ロークオリティ商品は、「作り、売る人」と「買う人」の間に人間関係のようなものが形成される可能性を持つものでもある。「作り手・売り手」が見えることが、「信用・信頼・安心」につながる可能性は高い。

ここにはハイクオリティの入る隙はない。

ローカル・中小企業が経営を戦略的に考えるとすれば、勝てない相手とは競争しないこと。要するに「コモディティ」と呼ばれるすべての人(消費者)を対象にした商品群とは際立って違うことを徹底するしかないのだ。

ある人の「とても嫌い」が、ある人の「とても好き」ということがある

人気の高い商品・製品は二極化の度合いが高いと言われている。二極化とは、対象となる製品・商品に対して「嫌いな人」と「好きな人」が端的に分かれているということである。

一見すると悪いことのように思えるが、たとえば、その商品・製品を「毛嫌いして

いる人」がいるとしたら、それはその製品・商品なりサービスが際立った特徴を持っていることを表わしていることになる。言い換えれば、反面で「ものすごく好き」と言う人がいる可能性が高いのだ。

これからのローカル・中小企業のブランディング戦略の1つとして、「嫌われている」を逆手にとって推し進めることで、圧倒的に知名度を上げることもできる。

もっとも、それでは変わり者相手の商売となり、客数を限定して極端に減少させるのではないかと考えるのが普通かもしれない。しかし、今やネット空間でのビジネスが当たり前になりつつある。ローカルから中小企業が全国へと働きかけられるのだ。

Sirabee リサーチによれば、自分自身を「だいぶ変わっている」と自認している人は19%いる。変わり者の嗜好は、変わり者に拡散する可能性が高い。この19%は東京にあてはめると266万人という、とんでもない数になる。

しかも、新たなデジタル技術はこの19%へ働きかけることを十分、可能にしているのだ。

顧客がお金を払うワケ

今一度、考えてみてほしい。顧客は何にお金を払うのか？　と。

「商品にだろう」と答える人が大半かもしれない。しかし、同じような商品でも値段にはバラつきがある。そして同じような商品でも安いほうが売れるとは限らない。「安物買いの銭失い」という諺があるように、むしろ高いモノのほうがよく売れる場合もある。

たしかに顧客はモノ（商品）にお金を払うのだが、本質的にはそのモノ（商品・製品）の機能面・感情面の双方、もしくは片方にある効用、すなわち「価値」に対しての「対価」としてお金を支払うと言うべきだろう。

すべてのビジネスの原点は、「顧客が本当に欲しているもの」を探り当てることであり、それに沿って適正な価格設定を行なうことである。

顧客が「欲しい」と思う4つの価値

顧客は、製品・商品・サービスの何に価値を見出すのか。人それぞれに複雑な心理が絡み、全部を把握することはとてもできないが、価値のベースとなる普遍的な要素というものはある。大きくは以下の4つになる。

アメリカの心理学者 アブラハム・マズローが、著書『人間性の心理学』で提唱した、人間の欲求を5段階の階層で説明したものに基づいて消費要素（買う理由と価値）について整理した。

1●機能「生活をよくするのに必要な機能」

生活において必要な機能。マズローの欲求から捉えると「生理的かつ安全性に対する」欲求であり、本書では製品・商品の本来的な機能と捉えている。今どきの生活機能要素で言うと、たとえば同様の商品・製品であっても、労力が軽減される（ラクに作業が行なえる機能）、情報提供（タイムリーな情報提供機能）、優れた品質（長持ち、清潔、安全・安心）、豊富な種類（選べる幅が広い）、時間の節約（同じことでも時間が節約できる）、使用機能（使い勝手のいいパッケージ等）――こうした機能はそれなりに価値を持つ。

しかし、こうした機能が求められるモノはコモディティ・ユースの商品がほとんどで、価値と価格は等価となり、高粗利化は容易ではない。また、必需品特有のニーズの普遍化が起き、差別化しづらく競争が起きやすい。

2 ● 感情「自分へのご褒美」

人は誰でも「褒めてもらいたい、認めてもらいたいという欲求」を持っている。褒めてもらうことは、自己肯定を強化する。だから、自分で自分を「本当にがんばったね」と言い聞かせる。何か困難な状況を乗り越えたりした後に、自分自身に何かを贈ることで、その成功を祝うのが「自らへのご褒美」消費だ。

自分へのご褒美として何かを選ぶことは、自分自身の好みや価値観、アイデンティティを表現する方法である。自分自身の個性を認識し、尊重し、強化する方法でもある。そうした自己肯定に向けた消費は感情的消費であり、価格へのこだわりは非常に少なく、高粗利化が望める。

「がんばった、あなたのためだけに作りました。あなたがあなたに感謝を込めて贈るお酒&デザート」――ローカルの造り酒屋のキャンペーンとして可能性はある。

3 ● コミュニティ（人とのつながり）

都市部では地域的、縁戚的コミュニティが目立って希薄になりつつある。

退職により仕事コミュニティがなくなることに伴い、何とも言えない不安や寂しさを感じる人が増えているそうだ。「ネットにアクセスするのは、新たな人とのつながり求めて」という人が少なくないと聞く。

ネット上にリアル（現実）の店と変わらぬ「覗ける」「聞ける」「話せる」場所があれば、お客になってみたいと思う人はいる。そうしたお客との関係性の構築は、固定

図4 ● 人間の欲求に基づいた消費要素

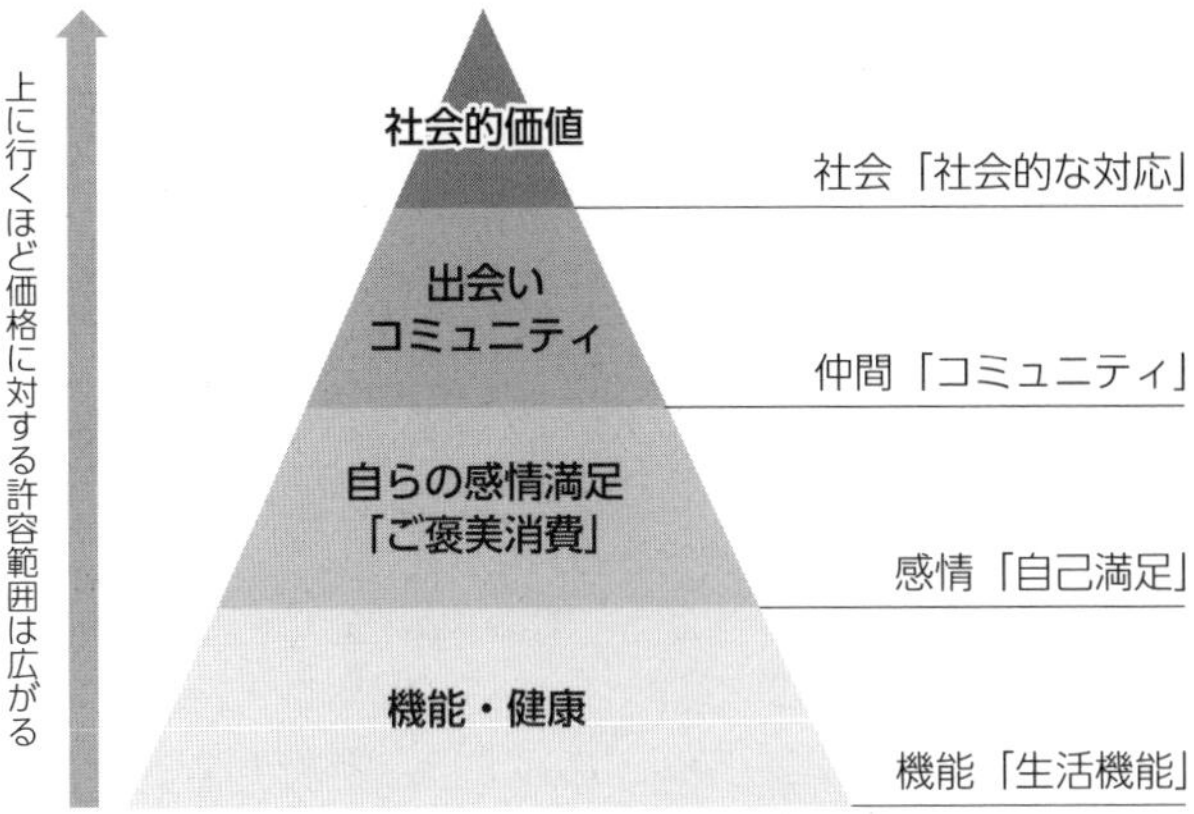

著者作成

客化に大きく寄与することとなる。

4 ● 社会「社会的な対応」

都市部で暮らす大半の人は故郷を持つ人だ。そして、青春を過ごした街が寂れていくことを寂しく思う人もいる。そうした人たちが故郷を救うために、「故郷の懐かしい商店街で、フェイスtoフェイスの買物」がネット上でできるようになった。「○○県○○市の○○商店街を応援してください」という声に応える、社会性のある応援購買もあり得る。

以上の4つに「対価を払う価値」があることに気づいてほしい。

神奈川県川崎市 新岩城菓子舗 徳植由美子さん・健太さん

フェイスブックのクチコミでファンを広げる和菓子店の物語

――フェイスブックのクチコミでファンをどんどん増やす。おもてなしの心が商店街を明るく照らす「新岩城菓子舗」。目指すは来てくださる方、購入してくれる方がみなさん笑顔になれる店舗作り。

突然、跡を継ぐことになったのは1999年。神奈川県川崎市にある「新岩城菓子舗」三代目の女将・徳植由美子さんは、これまで経験のない和菓子店の経営を担うことになった。異業種から転職して夫も経営に携わるようになるが、試行錯誤の日々。活気を失う商店街、川崎駅前に大型商業施設の開業と、徳植さんにはさまざまな苦難が訪れた。しかし、笑顔とおもてなしの心、そしてアイデアだけは絶やさず、コツコツ営業の努力を重ねた。

そこに川崎市のサイクリング大会の関係者から、自転車用のラックをお店に置いて欲しいという依頼があった。二つ返事でＯＫしたところ、サイクリストがお店に訪れるようになる。すぐにスペースが狭くなったので、駐車場にラックを増設。これがサイクリストの心をつかむ。

サイクリストは走行中にエネルギーを消費するため、糖分の補給が必要となる。自転車が安心しておける場所＋糖分の補給ができるということが、SNS上でたちまちクチコミが広がり、多くのサイクリストが訪れるようになる。

元から人とのつながりが好きな女将は、SNSでの交流・発信を積極的に行ない、人が人を呼ぶようになる。その1つが「顔ハメパネル」。訪れたサイクリストのために「100km完走！」や「新商品発売！」などをモチーフにした顔ハメパネルを作成し、フェイスブックで発信。サイクリストは多くのコミュニティに属しているので、タグ付けやシェアの機能でこれが多くの仲間の目

に触れるようになる。

フェイスブックというSNSの拡散の仕組みで、クチコミが広がっていった。

息子（将来の四代目）が焼く、お店の看板商品の1つでもある「朝焼きどら焼き」にもエピソードがある。フェイスブックを通して、知人の知り合いだった卓球界の重鎮にサプライズで卓球のラケットを刻印したどら焼きをプレゼントしたところ、感激した彼は、さっそくフェイスブック上でシェア。影響力のある人のシェアが卓球界隈を賑わせ、何と刻印どら焼きを全国で販売する快挙を成し遂げる。その後も卓球にちなんだ最中の販売など、つかんだお客様のジャンルにしっかりと働きかける商品開発を行なっている。それによって今度は卓球業界コミュニティの新たな増客が生まれ、拡散していくという、明るいSNS活用の仕組みがここにはある。

爆発的な拡散を狙うのではなく、地に足をつけ、目の前のお客様におもてなしの心で接する。そしてSNSを介して情報を丁寧に発信していく。こうしたところからはじめることが大事だということに、あらためて気づかされる。

競争しないモノ・サービス(コミュニティ)が持続的成長を約束する

大手と競争にならない、真似できない要素とは何だろうか。それは、その地域独自の歴史・風土・文化だ。これらを地域ブランドと位置づけて展開することだ。

たとえば、伊勢の地域ブランドとして名高い赤福は、「江戸時代初期から伊勢神宮内宮前、五十鈴川のほとりですでに『赤福』の屋号を持つ餅屋を営んでいた」とされる。伊勢神宮、五十鈴川という風物と江戸期からの歴史は、他者には真似のしようのない圧倒的な差別化要素となっている。

日本の随所に、そんな風光・風物があり、伝統・文化がある。それらと商品・製品・サービスを組み合わせることで、新たな付加価値と圧倒的な違いによる付加価値が生まれることになる。

「買った」を通じた人間関係による消費型コミュニティ構築による生涯顧客化

仄聞するところによると、アメリカ人は平均で1人あたり生涯に1万個のハンバーガーを食べるという。本当だとすると、1人の人が1万個のユーザー価値を持っていることになる。

従来のマーケティングは、1個買う人を1万人集めるための仕掛けであった。マスメディアを動員し、巨額の販売促進費用を掛け、それに相応しいだけの店舗数を構築する必要もある。とてつもない費用が投入される。しかし、1人のお客と良好な人間関係が構築されれば、生涯にわたっての顧客化が実現できる。「生涯で1万個買ってくれる1人を何人集めるか」、それをローカル・中小企業は得意分野とすべきではなかろうか。

これからのローカル・中小企業の持続的経営を維持する要素の1つとして、顧客とのコミュニケーションを通じたコミュニティの形成による、生涯顧客化がポイントになるだろう。

1/10,000マーケティング事例

広島県廿日市市 焼がきのはやし 林大介さん

初代から受け継ぐ本物の味へのこだわり

――全国の牡蛎ファンを魅了する「かきめし」と、オーナーの人柄と信用を元にDX化による可能性にチャレンジ。

旬の時期を外して訪れた旅行客をがっかりさせたくないという思いから、地元名物の牡蛎を、1年を通して最高の状態で提供している。

宮島は海外からの来客も多く、「焼がきのはやし」はもともと繁盛していた。しかし、コロナ渦で客足が遠のき、大きな打撃を受けた。これまで牡蛎を楽しみに来ていた旅行客は、宮島の牡蛎を堪能できなくなってしまった。

「あのおいしい牡蛎を食べられないのが非常に残念」と問い合わせを多く受けるなかで、林さんは真剣に牡蛎と向き合い、商品開発を本気で行なった。

かく言う林さんは三代目なのだが、実は幼少の頃から牡蛎が苦手だったというからおもしろい。小さい頃から牡蛎は食べられないのに、かきめしはおいしく食べられたことから、気軽に食べられる冷凍「かきめし」を考案する。

急速に進化する冷凍技術、そしてネットテクノロジーを活かして、「遠くにいても」「時期がずれても」おいしい蠣飯を楽しんでもらえるように

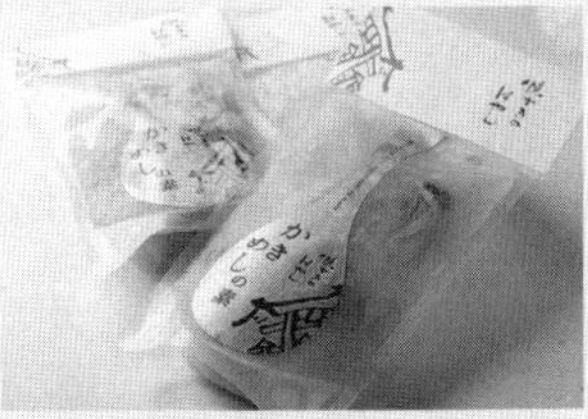

したのだ。

林さんには11歳の息子がいる。次期四代目を志願していると言うのだ。地域の食文化が代々受け継がれ、顧客は全国、そして世界に広がる可能性を見せている。

家業に徹底的にこだわる「焼がきのはやし」は、コロナ渦の打撃を商品開発によって乗り越え、地元名物・牡蛎を通して宮島のおいしさを広めている。

地域にこだわることで、次世代の可能性を拓きつつある。

顧客が顧客を作る、新たなシステム「UGC作戦」

UGC（User Generated Content）とは、ユーザー（お客）が自らの購買経験に基づいて作るコンテンツのことを指す。簡単に言ってしまえば、「ネット上のクチコミ」ということになる。

UGCは新規客からの信頼性が高い。「売り手（企業側）は売りたいがために、いいことばかりを言う」と考える消費者は少なくない。しかし、「UGCはお客が買った経験と使用した経験に基づいているから信頼性が高い」と感じる人がほとんどであり、顧客のアクセスを強く動機づける。

ブランドのファンやフォロワーは自分達の意見や体験を共有することで、他のユーザーとつながる機会になる。これにより、ブランドのコミュニティが形成され、エンゲージメントが高まる。

販売者が自身でコンテンツを作成するよりも、UGCなら低コストで済む。お客が自発的にコンテンツを生成し、共有することで、拡散・拡大する可能性は高い。

多くのローカル・中小企業にとって、売上不振は今にはじまったことではない。バブル崩壊、リーマンショックと続いた経済不況に加え、少子高齢化の進行のなかで、地方では消費人口（お客）を、20年以上かけて減らし続けた。

そして、ジリ貧の後の〝ドカ貧〟がはじまろうとしている。

そうしたなかでDXに注目が集まり、インスタグラムをはじめとした無償で使える新たなネット・コミュニケーション技術が実用化されている。

20年の年月で減っていった顧客でも、今日から1人ずつ増やしていくことはできる。

自社のホームページとSNSを組み合わせ、今日から1人ずつお客を増やしていこう。UGC活用で「お客がお客を生む」ことになれば、数年で往年の売上を回復させ、収益を倍加することも夢ではない。

最も有効と思われる販促手段がコスト的にほぼゼロというのが、UGC販促の特徴である。

コロナ禍で急速に普及した「オンライン型のビジネスモデル」は、きわめて低コストにローカルの中小企業が、都市部の消費者を顧客化できることを実現した。ローカルの中小企業にとって、新たな販路開拓の可能性が見えはじめている。

「地産・地法」の魅力を伝えることでUGCソース化する

人が人に伝えたくなる情報発信を工夫したい。

たとえば、「地産・地法」という、地域の産品についての調理方法は、伝統的なその地方の独自のやり方の優位性が際立つ。

産品や料理の良し悪しの判定は地元の目利きに限る。目利きは専門家としての「顔」と「名前」を持ち、それは無二の差別化要素である。

たとえば、うなぎの産地の小さな街に4軒ものうなぎ屋があって、それぞれに客がいてうまくいっているケースは少なくない。作り手・売り手の顔と名前がそれぞれの店の個性となっているからだ。

これは料理に限った話ではなく、たとえば地域の間伐材を活用した小型家具なども、地産・地法の価値が十分にある。捨てるしかない間伐材の利用であれば、ＳＤＧｓとしての社会的価値が認められる可能性も高い。そして、その家具の価値を伝える力は、目利き職人の名前にある。

こうした差別化の効いた商材は、ネット販売で効果を上げる公算が高いが、課題は物流と保存性にある。しかし、現在はパッケージ材、保存剤の開発が進んでいることもあり、対応可能な物品がほとんどだ。

「売上」よりも「利益」重視の経営体質に

脱コモディティがローカル・中小企業が儲かる絶対的な条件

もし、あなたの商品・サービスが消費者から見て、生活必需品でどこにでもあるコモディティ商品と判断されたら、それは確実に熾烈で不毛な価格競争に巻き込まれることを意味する。そうなったら、ローカル・中小企業に勝ち残るすべはない。

実際に、全国の商店街の中小店の多くが、すべての人に売れるからとコモディティ商品を仕入れて販売し、「同質化競合」状態に追い込まれた。

結果として価格競争に巻き込まれ、売上は上がっても利益は上がらない徒労状態に追い込まれ、廃業・倒産を余儀なくされたのだ。

「コモディティ」とは、広く流通している商品、市場において標準化された商品、同じ品質であることが保証された商品のことを指す。

顧客にとっては「品質レベル」が同じであれば、「より安価」なモノを選択する。結果として価格競争が激しくなり、勝つためには大量生産や大量仕入れに向けた資金力が不可欠となり、ローカル・中小企業は不利な状況に追い込まれてしまう。

コモディティ商品は、「売れているモノ」を単純に真似し、より安く売ることに対応した商品が多い。大手を中心に新規参入の可能性も高く、競争は熾烈になり、利益は出にくくなるケースが圧倒的だ。

同様の品質と価格の商品が多数存在するため、顧客のロイヤルティは低く、簡単に他の商品への乗り換えが起きてしまう。このため、中小企業には顧客を獲得し続けることが難しく、市場シェアを拡大することが困難な場合が少なくない。

コモディティ商品のコスト削減競争の結果として、サービス力の低下をもたらし、より一層の客離れを招き、大幅な売上減を経て廃業・倒産に至るケースが多い。この分野はやはり、最終的には1社に集約されてしまう公算が限りなく高い。

コモディティだから確実に売れる、だから商売になる、と考えても、過当競争に巻き込まれ、結果的に儲けは上がらず、業績は先細っていくほかなくなってしまう。

「売れていて潰れた会社はある」が「儲かっていて潰れた会社はない」が商売の道理

経営にとって最も重要なことは、「経常利益が上がる」状況を作りだすことである。

経常利益とは、「営業利益＋営業外収益－営業外費用」だ。

経常利益を見る際に大切なのは、「限界利益」である。限界利益は「商品やサービスを販売したときに得られる利益で、売上と連動して増減するもの」であり、儲かっているかどうかを確認する指標となる。

限界利益は、「売上高」から「変動費（仕入等）」を差し引くことで求められる。単純に「粗利」と言い換えてもいい。

たかだかこの23年で、小売企業の売上ランキングは大きく入れ替わった。

特筆すべきは、ダイエーが潰え、ユニクロ（ファーストリテイリング）が2兆円を超え3位に躍り出たことである。

図5● 大きく変わった売上ランキング

	1999年度		2022年度	
順位	会社名	売上高（円）	会社名	売上高（円）
1	ダイエー	2兆5,000億	セブン＆アイHD	8兆7,000億
2	イトーヨーカ堂	1兆5,000億	イオン	8兆7,000億
3	ジャスコ	1兆2,000億	ファーストリテイリング	2兆3,000億
4	マイカル	1兆	ドン・キホーテ	1兆8,000億
5	西友	1兆	ヤマダ電機	1兆6,000億

出所：各社有価証券報告書

ユニクロの躍進は、その粗利益率の高さにある。利益率が高いがゆえに好立地に出店可能であり、優秀な人材を内外から集めて業務オペレーションを高め、顧客満足度を最大化している。

大事なことは「売れる」ではなく「儲かる」こと

1日が終わり、店を閉めてレジの現金を数える。「だいぶいいな」と思わず言葉が出ると、その日の疲れは心地よいものに変わる。ことほど左様に、商売にとって「売上」はありがたいものだ。

だが、その売上の過半は「あなたのものではない」。

売上原価である仕入代金はすでに支払っているか、これから支払うことになる。そして、包装紙代等その他の変動費もある。固定費としての家賃や従業員の人件費も決して少なくはない。こうしたコストを差し引き、あなたの会社に利益(経常利益)をもたらすのは、限界利益率(粗利率)であると考えるべきだ。

常態化しつつある人口減少は消費者減少に直結している。それは、売上を上げるのは難しいビジネス環境になったということを意味している。してみると、売上を上げる努力よりも粗利を上げる努力のほうが効果的ではないだろうか。

粗利益率の高い企業のほうが「売上も上げられる」のが現実

「薄利多売」から「厚利多売」へ。粗利率の高いビジネスモデルを築くことで、コストにとらわれず、売上を上げることに専念できる。

たとえば、粗利率が高ければ好立地(売上を上げやすい)、すなわち高立地(出店費用が高い)への出店が可能になる。

先にあげた「ユニクロ」の銀座店は外国人観光客の「爆買い」の場となり、当初の予定より売上を大幅に伸ばせたのではないだろうか。

粗利が少なければ、固定費を中心にしたコストが経常利益を圧迫するために、コスト圧縮が欠かせない。しかし、たとえば人員削減によるコスト圧縮は業務オペレーションの劣化に直結し、顧客満足を損ない客離れの原因となる。

人手不足が深刻化するなか、経営にかかるコストは上昇傾向にある。高コスト化をカバーするのは、「高粗利化」をおいてない。

地域性を活かす「厚利多売」の実践論

ローカル×中小企業だからこそ高粗利がとれる

ローカルの地域性に、「懐かしい」「自然・健康」「人と人の絆」といった付加価値を感じる人がいる。こうした人たちにとって、この感情的付加価値は、得難い価値になる。

また、中小企業であるがゆえに、経営者の顔が見える。そこに、人と人のつながりが見える。これも、コミュニティが失われつつある都市部消費者にとって、大きな付加価値であることに気づいて欲しい。

ノンフィクション作家・久田恵氏のコラム『家族がいてもいなくても』から、「寂しい都会の高齢者」の一部を抜粋する。都内で、見ず知らずの同世代（70代）の男性から声をかけられて、という場面である。

〈なにも聞いていないのに彼はしゃべり続けた。（中略）いろいろ自分の話をした後、急に、私に「目はどう？」と聞く。で、「どうかなあ」と首をかしげたら、「目には、ルテインだよ」と言って、買ったばかりの飲料をくれる、と言ってきかない。「知り合いでもない自分の話を聞いてくれたお礼なんだからさあ」と。〉

この話には、「コミュニティに係る意識、人と人の絆に対する欲求」が感じられる。

1／10000マーケティングは究極の差別化戦略なのだ。買い手である顧客を1／10000まで絞り込み、提案する商品は基本的にワン・アイテムが原則である。

ネットであってもマンツーマン接客が可能ないま、「懐かしい」「自然・健康」「人と人の絆」といった付加価値が高粗利に転じる可能性もあり、そうなれば適正利益を確保できる。

商品特性につながる価格設定

「どのように価格設定しているか」の問いに対して、「原価+必要利鞘」と答えるケースが圧倒的だ。しかし、これで「儲かる」のは難しい。

消費人口が下げ止まらないなかで、いまだに儲けを削ってでも安くすれば売れるという、高度成長の残滓のような考え方を持つ経営者が少なくない。

人口が急増するなかでは、「薄利多売」はそれなりに有効であったが、人口が減少化に転じた現在は、「厚利多売」が現実である。高い利益率であるがゆえに、顧客に向けて優良なサービスも可能になる。

モノ(商品・製品)余りのいま、人は「値段が安いから買う」わけではない。「欲しいモノが安いから手が伸びる」のだ。

消費者は、ほとんどの商品について価格を知っているわけではない。しかし、よく購入する商品の価格感はおおむね持っている。コンビニに並ぶ缶コーヒーは120円が相場だ。それより10円高いだけで手を引っ込めるケースもある。

一方で、「安物買いの銭失い」といった言葉も生きている。ブランド品はなぜ高くても売れるのか？　それは、高いから！人によっては、「高いから、おいしい」「高いから、丈夫」「高いから、素敵」と思い込んでいることもある。してみると、値段の高いこと自体が価値となっている可能性もある。

やはり、価格は商品特性の一部なのである。

具体的な「厚利多売」の手法は次章で解説する。

3 章

自社の業務を分解し、利益の源泉を考える

昭夫が退院してから、2週間が過ぎる。術後の経過は良好で、胃の3分の2を切除したにもかかわらず、消化の悪いものを除けば何でも食べられる。昭夫にとって、術後はじめて食べる鶏モツ煮は、涙が出そうなほどうまかった。

「うまい」という昭夫に、「そういえば、令子の彼氏の平三君もね、鶏モツ煮をしきりにうまい、うまいって言っていたわ」と伝えると、「そうか、こんな田舎料理がね。まあ、好きな人は好きかもな。俺も久しぶりに食べたら本当にうまいと思ったよ」と独り言のように告げた。

それから4日後、令子と平三が退院祝いに駆けつけた。

昼時になり、例のごとく「鶏モツ煮とビール」に、少しだけならと昭夫も乾杯に加わる。平三は前回にも増して「うまい、ホントうまいっすね」の連発。

「俺もうまいとは思うけど、何しろ田舎料理だし、今となっては売上も下がりっぱなしさ。もうやめ時とは思うが、これぐらいしかなくてね。第一ね、こんなモノをうまい、欲しい、買いたいなんて言うのは1万人に1人が関の山さ。だからこの程度の町じゃ経営的に無理なのさ」と愚痴る。

「1万人に1人！」平三は考え込んだ。

東京の人口は1400万人。1万人に1人なら、1400人がこの鶏モツ煮に強い嗜好を感じる可能性がある。だとすれば、週に1度、900円の購入で月額3600円、年間で4万3200円の購入額となる。それが1400人いれば、6000万円超の売上となる。現在の粗利率は55％であるから、3300万円の粗利額となる計算だ。

平三には、十分にビジネスとして成立するように思え、昭夫に伝えた。

「お義父さん、鶏モツ煮に絞り込むことで年間6000万円程度の売上は可能だし、その他の商品ロスもなくなるから、3000万円以上の粗利額が見込めませんか？」

「平三君、お義父さんはまだ早いよ」と笑いながら、昭夫は続けた。「たしかに東京のように大きな商圏規模であれば可能かもしれない。たとえば、都内の有名百貨店でのテナントに入るとかね。しかし、出店に係る費用は莫大だよ。人件費なども考えると、そんな程度の利益なんて吹き飛んでしまうさ」とにべもない。

「そこですよ、実店舗はコスト的に重過ぎると思うんです。家賃、水道光熱費、人件費、テナント料等々を考えると、たしかに難しい。都内の有名百貨店が一様に苦戦しているのが現実です。ですから、店はネット上に作る。要するにネットショップなら店舗コストは限りなくゼロに近く、経費的には心配はないと思います」

「ふうん、ネットショップね。たしかにアマゾンや楽天は既存の大手スーパーや百貨店の売上を凌駕しつつあるようだが、我々のようなローカルの小規模店には資金も知識も技術も、第一それをやってくれる人もいないよ。今さら雇うことも難しいだろうしね」

「あのお、今さら何ですけど、僕はネットの専門家として仕事についています。何でしたら、僕がやります」

「おいおい、うちの状況で君の今の収入を賄うだけの給料なんて考えられない。未来の娘の婿さんが食えないんじゃゃ、身も蓋もないことになってしまうよ。冗談はよしなさい」

対して、平三は言った。

「うちの会社は副業が認められています。同僚のなかには土日の副業バイトで結構稼いでいる人もいるんです。僕自身はリモートワーク勤務で、今までの往復2時間の通勤時間がかかりませんから、終業後ならネットでの販促・販売管理担当は無理なく十分可能だと思います。

令子さんもかなりスキルがあるので手伝ってくれると思います。カンノの鶏モツ煮には、ローカリティをベースにした差別化力があります。ある程度の時間さえかければ、お金をかけずに確実に売れるようになります。僕なりにビジネスモデルを組み立ててみるので、その上で決めてください」

DX（デジタル化）とは何か

DXとは、デジタルトランスフォーメーション（Digital Transformation）の略語で、スウェーデンのウメオ大学教授であったエリック・ストルターマンが2004年に提唱した概念であり、難しいことは何1つない。

「商売の工程のどこかをできる範囲でデジタル化することで、効率と効果を高めて、しっかり儲けましょう」と捉えていい。

たかがDXなのだ。しかし、されどDXで、奥は深い。

成長を望むローカル・中小企業の経営者にとって、DXに基づかない商売（ビジネス）は考え難い。なぜなら、DXは「ローカル・中小・新規起業者・高齢経営者を利する」可能性が高いからだ。

DXはローカル・中小企業の味方

ローカル・中小企業の最大の課題は新たな販路の開拓であろう。

DXを使うことで、人口密集地である都市部の消費者の顧客化が現実化している。

PC、スマホ、各種タブレットの画面を通じて、北海道・網走の鮮魚店の店主が自分の店にいながら、東京・渋谷在住の主婦に対して、名産のホッケの干物の上手な焼き方と、珍しい山ワサビと一緒においしく食べる方法をリアルタイムに伝えることができる。画面を通じて、「百聞は一見に如かず」の効果的な購買動機づけが可能になっているのだ。

場合によっては、その主婦のママ友つながりから、複数人まとめての顧客化もあり得る。要するに、東京の渋谷が網走鮮魚店の商圏になる可能性が出てきているのだ。

ＤＸは地域格差を大幅に減らす

ＤＸはビジネス上のすべての格差を縮小・是正するようになるだろう。ローカル・中小企業のビジネスにおけるハンディは、ＤＸへの対応次第で簡単に解消される。そして、商品的にはローカル色という付加価値を際立たせてくれる。

考え方によっては、ローカル的な特徴と対応が顧客との関係性を深める効果も望めるのではないか。

もちろん、東京下町のローカル色豊かな和菓子が、鹿児島の消費者の人気になることもあり得る。従来あった格差は取り除かれ、真に商売人としての「誠意」「誠実」に基づいた対応が重要になりつつあるのだ。

ＤＸは仕事効率を最大化する

もう1つ、ＤＸがもたらす大きな経営効果として、コストの大幅な削減があげられる。業務の一部または全部をリモート化することによって、取引相手を探すコスト、成約に至るまでの交渉コスト、契約コスト、意思決定コストなど、従来かかっていたトランザクションコスト（取引を行なう際のコスト）がゼロ、もしくは大幅に削減される。

たとえば、岡山市の中小製造業が自社製品の販路拡大を目指し、新たな取引先を探そうと東京に出向く場面を考えてみよう。

岡山から営業マンが1人で出かけたとしても、交通費だけで往復3万5000円はかかる。時間的には往復で6時間を超え、営業活動に使える正味時間は非常に少なくなってしまう。だからといって前泊することになれば、プラス1万円かかり、営業コストはさらに高くついてしまう。

しかし、これをリモート対応に変えたらどうだろうか。営業担当者は事務所から、技術担当者は工場内から、経理担当者は経理室から、リアルタイムでそれぞれ現場から参加可能となる。交通・宿泊のコストはゼロ、移動する時間のロスもゼロとなり、三者で密度の高い営業対応ができて成約率は大幅に高くなる。

売上は上がり、コストが大幅に下がる、というわけだ。

仕事効率を最大化する3つの無化

要するに、ＤＸに取り組むことで、次の３つが実現されると言える。

●時間が無化される

リモート営業で岡山から東京に向かう時間がほぼゼロになる。そしてコストも限りなくゼロとなり、収益性は飛躍的に高まる。

●距離が無化される

移動に要する距離的な問題はほぼ解消し、どこからでも、どこへでも対応できる。物理的な場所に制限されることなくビジネスを展開できるようになり、ローカル・中小企業の活躍の場は飛躍的に広がる。

●規模が無化される

規模とか立地といった従来的な価値はそれほど重要なものではなくなり、業務内容や技術精度、企業の姿勢が評価される。

以上を考えても、ローカル・中小企業にとってＤＸは欠くことのできない重要事項と理解すべきだろう。

DX時代にリアルな「ミセ（会社）」があることの価値

これからは、ネットとリアルを兼業する企業が高い評価を得やすい。

ネット通販全盛の今でも、オムニチャネル型（リアル・実店舗とインターネット通販の境界を融解する試み）の製造・販売業は、感情のこもった対応で高い評価を得ている。ベイン・アンド・カンパニーの分析では、このような事業者が「象徴性」「人的魅力」「帰属・縁」などで高い評価を得る割合は、ネット専業のライバル企業の2倍を超えるという（「DAIAMONDハーバード・ビジネス・レビュー」2017年3月号）。

ネットを通じたライブ型販売であっても、感情のこもった手厚い応対を受けた消費者は、そのお店を非常に高く評価する。ローカルエリアに実店舗を持ち、店内からライブ型の双方向の接客を行なえることは、顧客の固定化に向けて相当に強い力となる。

DXはリアルな事業を消滅させるのではなく、よりよい形態に変革する機能なのだ。

オムニチャネル化することは、消費者に次のようなメリットがある。ローカルの中小企業・中小店にしてみれば、東京に出店するのと同様の販売効果を発揮できる。

●覗ける

ネットでいつでも気軽に店を覗くことができたら、消費者の購買意欲は高まる。たとえば、都内のあるお弁当屋さんでは、ユーチューブを通じていつでも店内が覗けて弁当の種類や有無がわかるようになっている。気軽にネットで覗けるお店として大ヒット中だ。このスタイルを援用することで、秋田の漬物専門店が都内の消費者を顧客化できるのがDX対応ということになる。

●聞ける

覗いたお店で販売スタッフに商品について気軽に聞くこともできる。インスタライブの機能を利用して「こんな商品はないですか」と聞くこともできるので、実店舗と何ら変わるところはない。それが、沖縄県の店舗と東京・港区の消費者をつなぎ、顧客化するのがＤＸということだ。

●話し合える

もちろん、インスタライブ等のＳＮＳを活用して、話し合うこともできる。買ってくれたお客に笑顔で方言を交えた接客をすれば、何とも言えない顧客体験となり、新たな絆を生み、生涯顧客化が進む公算は高い。

リモート接客なら地域から全国の消費者に対応できる

昔から、小規模専門店の魅力は「人（販売者）と人（購入者）」のつながりにあった。いわゆる「対面接客」の魅力である。

加えて、専門店はその商材・商品・製品の「目利き」であることが強みで、お客の「困った」に実に上手に対応してくれる。都市に暮らすなかで地方の珍しいモノ、懐かしいモノに触れたいと思う人はいる。そうした人にとって、地方専門店の店主（目利き）との方言交じりの交流はとても楽しいのではなかろうか。

東京から東北の岩手県、九州の鹿児島県に行くとなれば時間もコストも容易ではない。しかし、DXは時間とコストを限りなくゼロに近づけるのである。

SNSの1つ「インスタグラム」には、「インスタライブ」という「対面型配信システム」機能がある。その名のとおりインスタグラム上でライブ配信（双方向のやり取り）を行なう機能で、インスタグラムのアカウントを持っていれば誰でも気軽に配信が可能で、スマートフォン以外に特別な機材を用意する必要もない。

ライブ配信中に視聴ユーザーからのコメントや質問を受けつけられ、リアルタイムにコミュニケーションを取ることができる。

たとえば、富山県は県外の人から見れば、ホタルイカ、白エビ、そして氷見の寒ブリと、珍しいもの、うまいものが揃っている地域だ。

そこで、富山の鮮魚店が店頭と店内をインスタでライブ配信してみたらどうだろう。季節ごとにおいしいものが映っていれば、覗いてみたくなる。

富山の寒ブリを扱って20年というような目利きの親父さんが富山弁で受け応えをしてくれたら、おいしさに関する信頼性は、単なるネット販売とはまるで違うものになるだろう。旅行気分で買物が楽しめるという、新たな付加価値も考えられる。

バリューチェーンの一部をデジタル化してみよう

実際の店とデジタル上での店（ネット販売）の双方を持つショップ形態を「オムニチャネル型」と言い、売上・収益性が高いとされている。自店をオムニチャネル型にするには戦略的な展開が不可欠だが、決して難しいことではない。

事業活動は原材料調達から製造、流通、販売を経てアフターサービスに至るまで多岐にわたり、それぞれの事業活動が役割や機能を持ち、価値を創り出している。その一連の流れをバリューチェーンと言う。バリューチェーンの一部をデジタル化することで効率化と効果性を高め、収益力（儲け）を上げていけばいいのだ。

当たり前に過ぎる話だが、ビジネス（商売）は「儲け」がなければやってはいけない。儲けとは、１００円のモノを１５０円で売るということであり、この場合、儲け

（粗利）は50円ということになる。

では、儲けはどのくらいに設定すべきなのだろうか。

100円のモノを110円で売ることで、お客に喜んでもらうべきだろうか。そうではない。**100円のモノを300円以上で売るべきだ**。そして、**お客には400円以上の価値を得ていただくべきなのだ**。価格に対して満足していただくために、バリューチェーン全体を通じて付加価値（バリュー）を構築していくのである。

まずは自社のバリューチェーンを明確にする

バリューチェーンとは「価値連鎖」という意味で、儲けの源泉とも言うべき「価値創造」を、事業活動の一連の流れとして捉える考え方である。

価値創造とは、顧客がお金を払ってくれる価値をどう作っていくか、ということでもある。商売（ビジネス）の成否は、コストに比して「顧客が納得できる高価格設定」ができるかに尽きる。デジタル化することで、今まで以下のコストで今を超える顧客数と売上を作る、それがDXであるとも言える。

図6●「マニファクチャリテール型」のDXバリューチェーン

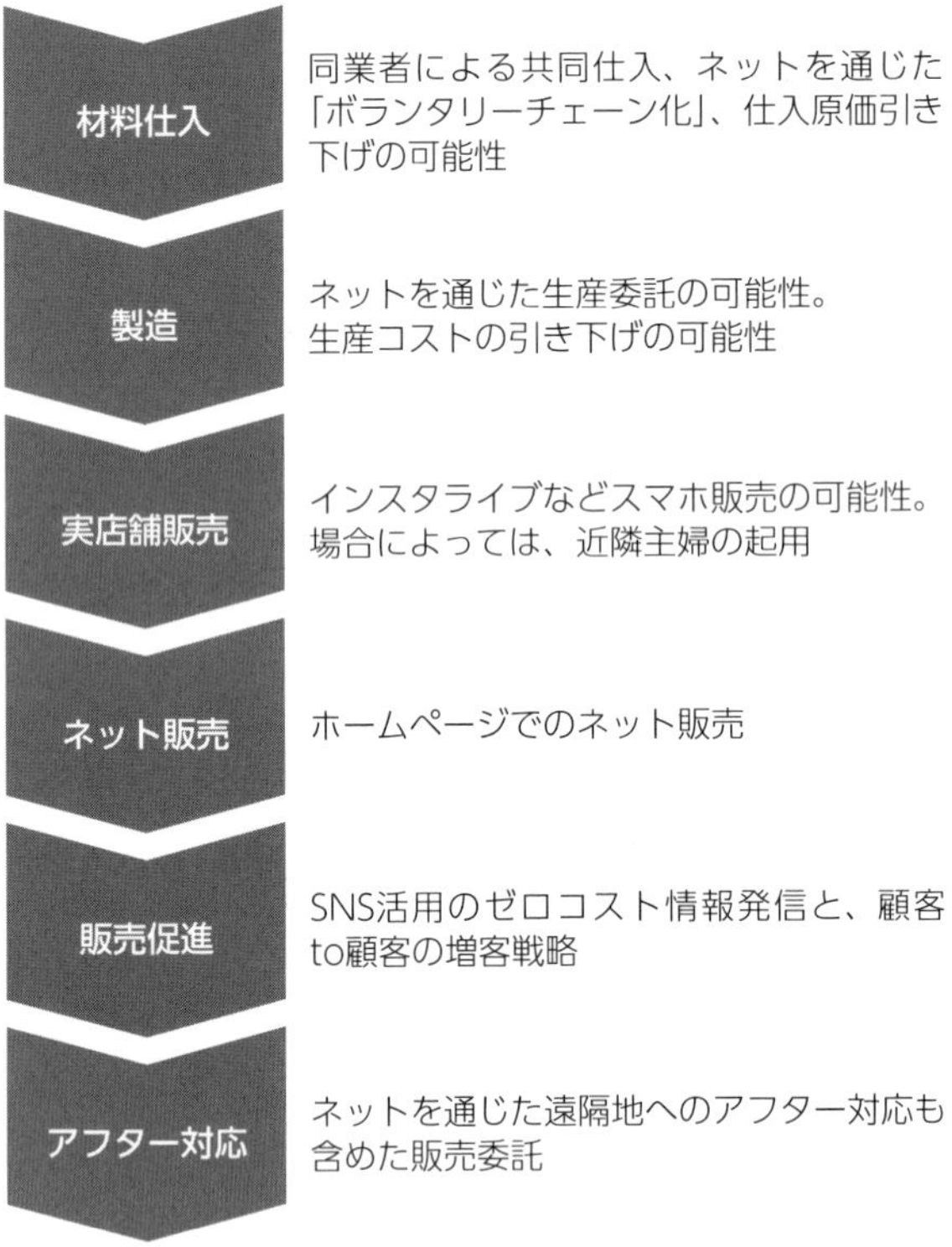
材料仕入
同業者による共同仕入、ネットを通じた「ボランタリーチェーン化」、仕入原価引き下げの可能性
製造
ネットを通じた生産委託の可能性。生産コストの引き下げの可能性
実店舗販売
インスタライブなどスマホ販売の可能性。場合によっては、近隣主婦の起用
ネット販売
ホームページでのネット販売
販売促進
SNS活用のゼロコスト情報発信と、顧客to顧客の増客戦略
アフター対応
ネットを通じた遠隔地へのアフター対応も含めた販売委託

マイケル・ポーターの理論にもとづき著者作成

図7 ● バリューチェーンのDX化による効果

	現　状	DXの可能性	DX効果予想
材料仕入	単独仕入であり、小麦を中心に値上がり状態が続いており、粗利を下げざるを得ず、経営的に苦しくなる一方。	ネット通じて、小麦等の主材料を同業者、異業者と共同購入する仕組みもあり得る。	• 量的に購買量を増やすことで交渉力を高める • 配送コスト等のトランザクション・コストの引き下げ
製造	現在は小売で仕入販売のため同質化による価格競争に巻き込まれ、粗利が減少している。製造販売を試みたいが……。	ネット通じて、同業者間で「こんな商品を一緒に作って、販売してみませんか」と呼びかけ、単品のオリジナル商品開発の可能性を探る。	• 差別化力、オリジナル性の高い単品が新たな顧客開拓につながる可能性も
実店舗販売	少子高齢化が進み、購買人口は大きく減少しており、電気代等のコストが負担になっている。	ホームページを中心としたネットでの販売を付加することで、実店舗効率が高まるケースも増加している。	• 確実な顧客像 • 店での販売員等のコスト削減
ネット販売	ネット販売はしていないし、できそうもない。	DXに取り組むことで、ローカル・中小企業も都市部への販売可能性が高まる。	• 実際の店舗とホームページを中心としたネットの双方で販売対応しているケースは評価が高い • 新たな販路として売上拡大効果が生まれる
販売促進	地域人口が減少し、チラシ等を配布しても効果が上がらない。 売上減少に歯止めがかからない。	SNSを活用した情報提供は、やり方によっては高いレベルの販促効果を得られる可能性が高い。	• ローカルから全国的に店の情報を届けることで、新たな顧客創造効果が生まれる
アフター対応	基本的にはアフターサービス等はしていない。できないのだから仕方がないが、その結果として客離れが進んだ。	同業者同士で「アフター」に係る業務の委託化を進める方法もDXを活用すれば可能になる。	• アフター対応が適切であれば、生涯顧客化の可能性は高まる

著者作成

とりわけDXが効果を発揮するのが「販売促進（広告宣伝）」

そもそもDXの中核をなすのはIT、より詳しく言えばICT（情報通信技術と機能）である。もっと言えば「販売促進をデジタル化する」、すなわちSNSを活用することで超低コストの効率的・効果的な販促が可能になる。

たとえば、無料のSNSアプリケーションを上手に活用することで、ほぼゼロコストで全国規模の情報提供（宣伝・広告）が可能になるのだ。

DXは、その他の要素でもコスト引き下げ等の利益効果を生む。

いずれにせよDXは、バリューチェーンのなかの「できるところ」を「できる範囲」でデジタル化することで効率・効果を高め、ビジネスとしての利益を高めていくものと理解して欲しい。

ローカル・中小企業のためのDX戦略と戦術

それでは、ローカル・中小企業にDXを実際に導入していくにあたってのポイントを、「戦略」と「戦術」という考え方を通じて検討していこう。

戦略とは企業としての経営ビジョンを設定することであり、長期的な視点からの経営計画に関わる。そうした意味で、戦略は高度な視点から目標達成のフレームワークを設定し、全体的なリソースの配分や優先順位づけを決定する。

一方、戦術は戦略の一部であり、戦略で示された特定の目標に到達するための具体的な手段やアクションである。したがって短期的な視点での計画で、具体的なアクション、活動、手順に焦点が当てられる。

戦略と戦術の関係性は、**戦略が「何を」達成するかを定義し、戦術は「どのように」達成するかを定義する**という形で表現される。

戦略は大局的な視点であり、戦術はその戦略を実現するための具体的な手段である、とも言える。

そして、戦略も戦術も自らを取り巻く環境変化に沿わざるを得ない。現在の環境変化の最大要因は、ＡＩも含む電子的テクノロジーが画期的な変化を引き起こし、それが社会、経済、政治に及びつつあるということだ。

ＤＸ化の「目的」と「目標」を明確かつ具体的にする

経営の目的は「利益の最大化」にある。しかし、利益を最大化するのは何のためなのかと考えてみる必要もある。そこに、本来の目的が見えてくる。

ローカル・中小企業の多くは家業型である。家業の命題は「看板を絶やしてはいけない」ということにある。

看板とは、地域に立脚し、地域に貢献し続ける「信用・信頼」である。

老舗に価値があるのは、看板を守り続けていることにこそある。

日経BPコンサルティング・周年事業ラボによると、200年以上続いている会社は世界中で2060社ほどしかない。そのうち日本には1340社があり、65%を占める世界のトップである。

地域に立脚した持続性の高い家業戦略として、「地域を活かし、地域外に打って（売って）出る」というのが1／10000マーケティングである。

確実に売上を上げるために目標（相手）を具体化する

1／10000マーケティング実施をするうえで、まずは「顧客像（ペルソナ）」を設定してみよう

あなたが売りたい、商品やサービスに関心を持つ可能性のある人はどのような人なのかを理解することが重要であり、それに基づいて対象顧客がどのSNSを使用しているのか、どのようなコンテンツに関心があるのかを具体的に把握すべきだ。

目標の具体化としての「ペルソナ」マーケティング

ペルソナマーケティングとは、特定の顧客層や目標市場を代表する仮想的な人物像（ペルソナ）を設定し、そのペルソナのニーズや欲求を満たすような製品やサービスを企画・生産・提供することである。

1／1000マーケティングの成功ポイントの1つは、顧客との絆を形成することによって「生涯顧客化」を実現すること。そのためには「買って欲しいヒトを理解すること」が販売促進の鍵となる。

目標としての「買って欲しいヒト」の人物像（ペルソナ）を設定する

ペルソナマーケティングでは、「買って欲しいヒト」を、いきいきとした生活者として全人格的に描くことがポイントだ。たとえば、次のようなものだ。

菅野和子
1961年3月24日生まれ、62歳。

3人兄弟の長女。

山形県山形市出身。東京の大学を卒業し、都内の会社に就職。

共稼ぎの有職主婦だったが2年前に退職し、今は夫と2人暮らし。

持ち家で夫婦2人の預金は退職金を合わせて1億円を超える。金あり、暇ありの豊かな老後生活者。

ペットは小型犬のミニチュア・シュナウザーが1匹。

趣味は観劇・コンサート。旅行も大好き。

近所の主婦仲間と仲がよく、行ったり来たりのつき合いが大好き。

リーダー格を務めることがよくあり、時折のグループでの旅行などでは皆から「カーチャン」の愛称で呼ばれ、気軽に「はいよ」とやり返す。面倒見のよさから友人の数は多い。

昔の仕事仲間とはＬＩＮＥで連絡を取り合っていたが、最近になってインスタライブで趣味や買物等の情報交換も行ないはじめた。


このような感じの人物は、間違いなく1万人に1人以上はいる。

このターゲットに向かって、見合う商品設定（商品のバージョニング等）、場合によってはプレミアム商品化等の工夫をしていきたい。

価格設定も見直すべきだし、告知手段（販促）としてのＳＮＳ活用の選択等の工夫もある。

ペルソナ化することで、販促に向けた「コンテンツ作成」も具体的になり有効性が高まる。

プライシング（価格設定）に関しても見直すことで高粗利化が可能になる。

図8● ペルソナ設定の4つの特性の把握

特　性	内　容
人口統計学的特性	年齢、性別、民族性、教育レベル、職業、所得レベル、住所等の基本的な特性
心理学的特性	ペルソナの性格、価値観、興味、モチベーション、生活スタイルなど
行動特性	ペルソナがどのように製品やサービスを使用するか、または購入するか（たとえば、オンラインで購入するか、実店舗で購入するかなど）
情報源	ペルソナがどこから情報を得ているのかを知ることで、最も効果的なマーケティングチャネルを選択するのに役立つ

著者作成

ペルソナが何を求めているのか、何に困っているのかを理解することは、非常に重要なのだ。これにより、商品・製品やサービスがペルソナの問題を解決する手段となるかどうかが確認できて、商品・製品・サービスが有効化してくる。

DX＋1／1000マーケティングでのシン・商品開発

あえて「シン・商品開発」としたのは、従来の商品開発とは真逆の対応だからだ。1／1000マーケティングにおいては、「売れない商品開発は難しいが、売れる商品開発は簡単」が原則である。

「なじみがあって新しい」がポイント

売れるモノを作ろうとしたとき、多くの人は「誰も見たことも、聞いたこともないような驚くアイデアで作られたモノを」と考える。しかし、「見たことも、聞いたこともない商品」に飛びつく人はほとんどいないし、いても相当少数だろう。

一般の大多数の人は「なじみがあって、新しいモノ」に興味・関心を示し、そこからウォンツ（欲しい）が動き出す。

要するに、今あるモノをちょっと新しく、「something new」ということである。

少し古い話になるが、かつて「苺大福」が大ヒットした。

苺をあんこで包み、大福饅頭の種にしたような商品だ。もともとあった苺ショートケーキと大福饅頭を組み合わせたことで、「なじみがあって新しい」という、確実に売れる要素を持った商品開発に成功しているのだ。

大福饅頭は江戸時代からある旧態依然のどこにでもある商品だし、苺ショートケーキも戦前からあったという、ショートケーキの超定番だ。この2つを組み合わせたことで、全国的にヒットしたのだ。

地方の伝統的な菓子でも総菜でも、ちょっと変えるだけでヒットする可能性が高いモノはたくさんある。シン・商品開発においては「難しいことは考えなさるな」が成功のコツである。

三重県伊勢市 こだわりのトマトとメロン作り谷口 谷口順吾さん・ゆかりさん

1/10,000マーケティング事例

地元の土へのこだわりが生んだ、別格のトマトとメロン

——暑い夏の冷やしたトマト、口に溢れる土の香り——徹底して「地元の土にこだわった土の香りのするトマトとメロン」が1万人に1人をつかむ。

現在、夫婦二人三脚で営む「こだわりのトマトとメロン作り谷口」は、昔の「夏のトマト」を彷彿とさせる「土の香りがするトマト」を作っている。

当初は、簡単で衛生的かつ効率的な水耕栽培を試みたが、自身の思いとは方向が違うと判断し、「地元の土」に徹底的こだわった土耕栽培に戻って取り組みはじめた。谷口さんの、地元の「土」にこだわった「土の香りのするトマト」は、特に年配の方には懐かしい香りと味で大好評だ。

関西の名高いスーパーをメインに、地元の道の駅やマルシェ、ファーマーズマーケットで販売している他、ネット販売も行なっている。リピーターが多く、谷口さんの家に料理人が直接訪れることもあるほど、味と香りは評価が高い。

しかし、売上は作柄などに左右されるため不安定で、客数は増えているがなかなか利益が伴わない。そこで、伊勢市の6次産業化推進事業として協力を得ながら、「ドライトマト」や「ドライメロン」を作って販売を開始している。

さすがに「ドライといえども、本物の味はとてもおいしい」と評判で、ホームページを見た人たちからのSNS等での問い合わせをはじめ、オンラインでの売上も増加しつつある。

今後は、新しい顧客開発と売上向上を目指して、ドライトマトやドライメロンなどの加工品の販売促進、またその利用方法を伝えるためにSNSの活用やブログ記事を充実させることに取り組もうとしている。

地方にいながらにして、都市部とリアルタイムでつながれるDXを販促に導入することで、生涯顧客化につながるマーケット構築の可能性が十分に見えてきた。

トマト作りの目利き夫婦の顔は、信用・信頼のもとになる。

一品型商品開発戦略

1／10000マーケティングは基本的には、独自商品の「一品」を「逸品化」して都市部、全国、そして世界に踏み込んでいくという、ローカル・中小企業だからできる、あるいはローカル・中小企業にしかできないマーケティング戦略を骨子として構築されたものである。

しかし、その「一品」ユーザーの客単価を拡大し、売上を上げていく必要がある。そうした条件の下で「一品型の商品開発戦略」を考えざるを得ない。

企業が成長を望むのであれば、新商品を開発するか、新たな市場に参入するか、あるいはその両方が必要だ。それに応じて戦略を変える必要がある。

- 既存の顧客に向けて、既存の商品のバリエーションを増やす（たとえば、「金印」「銀印」といったランク分けをすることで選択範囲を広げる）
- 包装を新しくすることでイメージを変える
- 固形を液状にしてみるなど、ほんの少し手を加える
- サービスの利便性を高める
- 既存顧客に隣接する新たな市場を開発する（たとえば、男性用の日傘が普及しはじめているように、女性モノを男性モノとして新たに提案する。現消費者につながる市場へのアプローチは比較的に有効だ）

既存市場に向けて、新たな商品を提案する

たとえば、小豆を使った和菓子を「ヘルシー・スイーツ」と位置づけて、ヘルシー志向市場に向けて展開するのはどうだろう。

スイーツは太る要因として敬遠されることが少なくない。たしかに洋菓子は脂肪と砂糖が中心でハイカロリーである。しかし小豆は、腫れものや血の異常を取り除き、

利尿作用があり、下痢にも効果があると言われている。そのため、漢方薬としてむくみや肥満の予防に用いられている。

地域の小豆（あんこ）菓子を「ヘルシー・スイーツ」として売り出すのも、シン・商品開発の1つである。

1／1000マーケティングの集客マグネットとは

「集客マグネット」とは、マグネット（磁石）のように顧客を引き寄せる力を持つモノ（商品）・コト（サービス・付加価値）を指す。

1／10000マーケティングにおける集客マグネット要素としては、以下の5点があげられる。

①好き・関心の顧客マグネット
②地域性と季節性のマグネット
③コミュニティ型の顧客マグネット
④商品特性・地域性に即した家業ならではの価値
⑤経営者の信条・信念・人柄・顔のマグネット

1 ● 好き・関心の顧客マグネット

「好きこそものの上手なれ」は日本の古くからのことわざで、「何事も好きなこと、興味を持ったことこそ上手になる」という意味。すなわち、興味や情熱を持つことが、スキルや技術を向上させる最も重要な要素であるということだ。

練習や努力だけではなく、その背後にある興味や情熱が達成へと導く原動力だというメッセージを持っている。興味を持って仕事をすれば、その過程自体が楽しくなり、長時間集中することができ、結果的に経営力の向上につながるという意味でもある。

「我が土地の地域性・文化伝統（歴史）・自然・風光（景色）が好きですか？」と問いたい。好きになることで、あらためて見えてくることは少なくない。

好きなモノ（商品）を好きな相手（顧客）に売るのだとしたら、そんなビジネスほど素敵なことはあるまい。逆に、自分が嫌いなモノを偽って売りつけるとしたら、気持ちは萎えるし長続きはしない。地域と家業と自家商品のよい点を、主観的でもかまわないから書き出してみよう。そこから集客マグネット（磁石）は見つかる。

$\frac{1}{10,000}$マーケティング事例

熊本県荒尾市 ウッドサインショップ 林善広さん・順子さん

地域型の木製看板から、全国に向けた「木目を活かした」オリジナル表札へ

――表札にこだわる1万人に1人に狙いを定め、地域向けのオリジナル木製看板から全国対応の一般家庭向けのサンドブラスト工法・木製表札の、シン・事業化を進める。

木材看板専門で開業して10年目。木製看板の質感を活かす「サンドブラスト」と呼ばれる手法で、エアコンプレッサーを使って砂を木材に吹きつけ、木目の柔らかいところだけを削っていくことで、機械で作られたような正確なデザインでありながら、木の温もりや優しさを残した看板として人気が高い。

当初は域内のオシャレな飲食店やブティック等からの注文が多かったが、当地もご多分にもれず、少子高齢化のせいで人口減少が進み、看板の注文にも陰りが見えていた。そんななか、ホームページとSNSを活用した販売促進が功を奏し、現在の受注のほとんどが全国からのネット経由となっている。

起業10年の新たな挑戦として、従来の事業者対応から一般消費者向けの「オリジナ

ル表札」の事業化に取り組むことになった。マンションが増加するなかで「表札」とは、と首をかしげる向きもあるかもしれないが、戸建ての新築着工数は2021年で86万6000戸と、決して小さな数ではない。アプローチの仕方によっては高い可能性がある。サンドブラストという特殊な手法での質感のよさに加えて、間伐材等の材料使用によるSDGsに対応した社会性の高さから、ネットでのクチコミが全国に拡大する公算も高い。

価格設定にあたっては、「製造原価＋必要利鞘」という売手都合ではなく、価格は商品特性の1つと捉え、その家を表わす「表札」には手間暇を惜しまない完成度があり、それが納得・満足できる価格設定が組まれている。

起業して5年で半数が廃業に追い込まれるという数

字もある。ビジネスは何のためにはじめるのか、究極的には、「幸せ」になるためと言えるのではないか。しかし、「金儲け」が目的化し、やってみて「売れないこと」に悲観し、続かなくなるケースが少なくない。

この夫婦2人の顔は、売りたいモノが売れたときに、嬉しさにあふれるように見える。作る、売るのが楽しくて仕方がない、その結果として売上が伸びていくのかもしれない。

2 ● 地域性と季節性のマグネット

「おはよう」の挨拶1つとっても、岩手県では「おはよがんす」、山形県・福島県なら「はやえなっす」、山梨だと「おはよーごいす」、静岡では「いあんばいです」とさまざまだ。鹿児島の「こんちゃらごあす」は楽しそう。沖縄に行けば「っうきみそーちー」となる。

たとえば、自店のホームページとユーチューブを組み合わせて、岩手の店・会社なら、毎朝、店頭で夫婦が「おはよがんす」「今日の花巻は五月の空でとても気持ちのいい日になりそうです。どうかお客様にとって今日がよい日でありますように」と流すだけでも、都市部の孤独な高齢者や岩手県出身の1人暮らしの若い女性は救われるかもしれない。そこから、好感・安心・信頼・信用が生まれる。そして、ホームページの掲載商品に対する購買動機が起こる。

もし、人に喜ばれることが好きなあなたなら、この手間暇は楽しい時間になり、どんどんと工夫が進む。繁盛は「自分が楽しいから、お客も楽しい」が原則。「ふるさとの訛なつかし停車場の人ごみの中にそを聴きにゆく」（石川啄木）、これも付加価値である。

3 ● コミュニティ型の顧客マグネット

いま、ビジネスの世界で「ファンダム」という言葉が注目されている。ファンダムとは特定の趣味、興味、またはブランドに対する熱狂的なフォロワーやサポーターの集団を指す。それは映画、音楽、テレビ番組、ビデオゲーム、スポーツチーム、有名人、または特定の地域やブランドなど、あらゆる種類のエンターテイメントや文化的現象に対する共有の情熱から生まれる。

ファンダムは、人々が共通の興味を共有し、その興味を通じてコミュニティを形成する一方で、彼らが支持するものに対する情熱と忠誠心を表現するための重要な手段でもあり得る。要するに、仲間（ファン客）が仲間（新規客）を呼び集めるといった現象が注目されているのだ。

ファンダムのメンバーは、ブランドや製品について好意的に話す傾向が強い。これにより、新規顧客を獲得するためのクチコミマーケティングが拡大していく。

1/10,000 マーケティング事例

福岡県大牟田市 乾杯大牟田 猿渡昌嗣さん

長渕剛と比内地鶏にこだわる不思議な店に県外からもお客が続々と

——飲んで、食べて、歌って。そして皆で乾杯。人生を仲間と楽しむ「消費部族型コミュニティ」を形成するすごい店。

うまい焼き鳥と地元アーティストのライブイベントでファン客を囲い込む。日本全国から鳥料理店にファンが集まる、ユニークなイベント「長渕つもりライブ」。うまい比内地鶏と、著名アーティストの歌で魅せる二本の柱で、ファンがファンを呼び、お客が溢れるユニークな戦略でお客を楽しませる。

著者の創業塾に参加して一念発起して起業した乾杯大牟田は、2022年12月19日に創業8年を迎えた。うまい焼き鳥や炉端で鍋が楽しめる「比内地鶏専門店」。さまざまな業種のなかでも、特にレッドオーシャンと言われる飲食店。営業するだけで何もしなければ、お客はその日の気分で適当に店を選んで入店してしまう。他店との差別化は必須だ。

乾杯大牟田は、秋田県北部で140日以上もの間、放し飼いにされ、広い草原を自由に歩き回ってストレスなく育った比内地鶏を使用している。その比内地鶏の焼き鳥と、比内地鶏の出汁で食べるきりたんぽ鍋を主力に、それらを肴に日本全国から集めたうまい日本酒を飲める、本格的な比内地鶏専門店だ。とはいえ、開店直後の8ヶ月間はお客が入らず、経営が大変だったと言う。

経営資金のなかからなんとかギャラを絞り出し、長渕剛の歌をそっくりに歌う「長渕つもり」さんを呼んでの「長渕つもりライブ」を開催したところ、これがウケた。長渕剛さんのホームページにも載り、お客が急激に増加した。

その後は店内でも「長渕つもりライブ」を開催するようになった。お客の6割は長渕さんのファンだが、残り4割は物珍しさも手伝って、接待の予約が入るという。これがまた、接待で来たお客にもウケた。

今では2～3ヶ月に一度、店内でライブを開催している。このユニークな取り組みが功を奏し、問い合わせがとても多くなった。

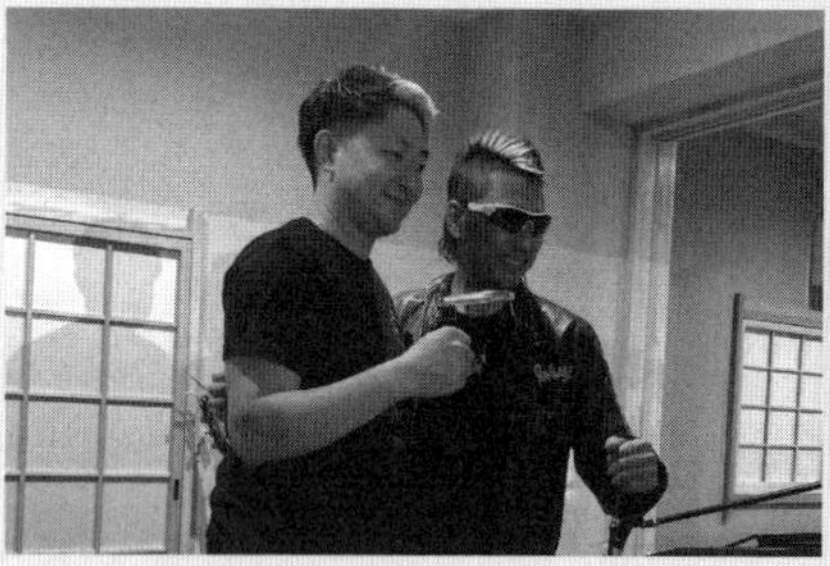

乾杯大牟田は他にも、自慢の串と鍋などがお得なコースで楽しめるメニューイベントを含め、月1回ペースでイベントを行なっている。

せっかくお客がファンになっても、遠方へ引っ越してしまう場合もある。しかしイベントがあることで、毎回新しいお客が足を運び、ファンになってくれる。そしてファンがまたファンを呼び、お店を囲んだファンのダム（溜り）ができる。

ファンができる構造の柱は二本ある。「うまい焼き鳥」と「長渕つもりライブ」のようなイベントだ。

うまい焼き鳥だけでも魅力的ではあるが、それだけではインパクトに欠ける。そこに「長渕つもりライブ」があることで、お客はライブの臨場感と共に、うまい焼き鳥や鍋を味わうことができる。これが他店との大きな差別化となっている。

乾杯大牟田は、ホームページだけでなく、インスタグラムでも情報を公開している。予約がないと入れない人気店だが、予約に空きが出るとインスタグラムで知らせ、空き席が出ないよう工夫している。

今では、県外からもお客が訪れる人気店だ。地元だからといって油断していると、予約で埋まってしまう。リアルタイムで情報を公開できるSNSの特徴を上手に利用している。

4 ● 商品特性・地域性に即した家業ならではの価値

その地域の自然、歴史、文化、習慣などを反映した特有の製品やサービス、手法、技術などを脈々と受け継いでいるのが「地域型家業」であり、他には真似のできない固有の価値を持っている。

それぞれの地域に伝統工芸品がある。たとえば、秋田の工芸品の「曲げわっぱ」、そして、伝統的食材なら魚醤の「しょっつる」。これらは地域の家業にこそ歴史的な価値があり、圧倒的な強みとなる。

たとえば、「しょっつるの炊き込み飯弁当」と「曲げわっぱ弁当箱」を地域の老舗家業企業同士が「秋田名物バンドリング」として互いがＳＮＳで発信すれば、相乗効果が生まれる可能性は高い。

5 経営者の信条・信念・人柄・顔のマグネット

合理的かつ近代的な流通形態のなかで、作り手、売り手、買い手は人的にはつながっていない。その結果、その商品の本当の意味でのよし悪しがわからなくなっている。

であれば、ネットを通じてでも、経営者としての「信条・信念」、そして動画で「顔と人柄」を伝えることで、作り手・売り手としての責任を明確にすることが、スクリーン型販売の成功の条件の１つであることは間違いない。

なぜ、情報発信が必要なのか

先にあげた「バリューチェーン」に沿ってビジネスの現状を見直し、できるところを見つけ、できる範囲でデジタルすることによって、売上と利益（儲け）の拡大を可能にする。

情報の三大原則

1 情報がないと、それは「ないのと同じ状態」にある

要するに、どんなに優れた商品・製品・サービスでも、それを知らない人には、「ない」も同然ということになる。広告宣伝とは、対象となる相手に情報として知らせる

ことである。

2 情報量の多寡

情報量の「大きい」「小さい」は、簡単に言えば「驚きの量」で評価できる。その情報がすでに周知されているのであれば「小さい」、知る人が少なければ「大きい」と評価する考え方である。

「地域性に富んだ珍しいモノ」はそれだけで情報量は大きく、その大きさに比例して行動意欲（買う気）を高め、購買に至る可能性は高い。1万人に1人しか知らない「モノ・コト」を情報発信することで顧客化するのが、「1／10000マーケティング」の真骨頂だ。

3 情報そのものに価値はない

どんなに正確で優れた情報であれ、その情報に基づいたアクションなしに価値は生まれない。要するに、情報に基づいた行動を起こさない限り、経営的な価値（儲け）は出てこないということだ。

次章では、高い商品化の可能性がある、地域型中小企業が持つ「量的」に大きな情報を超低コストで知らせるための三種の神器「SNS」「ウェブサイト」「画像コミュニケーション」の活用に向けた実務ポイントを解説する。

そう、情報は使うことによってのみ、儲けを生み出す。本書も1つの「情報」である。使うということは、知ることでも学ぶことでもない。実際に使ってみて、間違ってみて、やり直してみて、試行錯誤の結果として、あなたの会社独自の優れた情報力を形成することである。

4 章

必ず売れる・儲かる！
ローカル・中小企業の
DX対応の具体策

平三と令子は東京に戻る車中で、「カンノ鶏モツ煮」のネット通販について話し合った。話す中で2人が気づいたのは、カンノがある商店街で商売が何とか続いているのは、「パン屋」「和菓子屋」「惣菜中心の肉屋」で、すべてが製造小売型（マニュファクチャー型）ということだった。そうした製造小売の特性は、「差別化力が強く、粗利が高い」こと。これが事業継続の力となったことは間違いない。

しかし、地域型小売ビジネスの問題は、少子高齢化に伴う域内の消費人口の急激な減少にある。そうして見ると、残された手は地域外・都市部・国外に新たな販路を構築することと、的確で適正コストでの販売促進策を講じることで、売上拡大は可能になるのではないか――。

要するに、「グローカリゼーション」だ。「地域限定のモノ・コト」というローカリティを差別化要因として特色づけ、「全国」に向けて発信・販売する。既存のローカル産品はＤＸ化により、新たな販路開拓の可能性が拓けるということが明確になってきたのだ。

東京に着く頃には、「イケるね」「イケるわ」が2人の答えになった。

DXが実現する粗利・経常利益重視の経営

ここまでDXについて説明してきたが、シンプルに言えば、ビジネスモデル（儲ける仕組み）の一部を、「できる箇所」と「できる範囲」でデジタル化してコストを大幅に引き下げることで、経常利益を改善しようということだ。

3年にわたったコロナ禍は、従来のビジネスモデルに大変革を迫った。新型コロナは人から人へ感染し、重症化すれば命にかかわった。結果的に人の触れ合う場所は強く規制されることになった。

結局のところ、特殊な事情がない限り、小売業が儲からない原因は「ヒト・ミセ・ザイコ」だ。

コロナ禍においては飲食・小売を問わず、ミセへの来店客数は著しく減少した。一方で出向き営業も相手先から敬遠されるケースが相次いだ。ミセの販売員が、飲食店のホール担当者が、会社の営業員が、相手にすべき人の数が圧倒的に減ってしまった。結果的にはヒト1人当たり生産性（売上高）は大幅に減少し、固定費としての人件費が経営を大きく圧迫した。お客が来ない小売店・飲食店、営業に出向けない営業マンに給与を払うとなれば、経営が立ち行かなくなるのは当たり前だ。

そうしたなかで、Zoom等を中心に「スクリーン・ディール」が着目された。海のものとも山のものともつかないシステムに果敢にチャレンジし、コロナ禍を逆手にとって急伸した会社もある。そうした会社の多くは「早とちり」と揶揄されながらも試行錯誤を繰り返し、販売の仕組み、営業の仕組みを短期間で変革していった。

たとえば、月間1000万円の売上の営業マンが10％下げの900万円となってしまったとする。粗利益率が20％であった場合、20万円の粗利額減少となり、週2回の遠方出張の交通費等の費用が20万円であれば、営業利益は40万円の減少になる。しかし出張に時間を取られない自宅からのリモート営業であれば、実際の営業回数は倍加できる。そこでコロナ後もリモート（自宅業務）とリアル（会社出勤業務）を4対1

にしてコスト削減をはかり、経常利益を高めているケースもある。

ＤＸ化によるコストダウンと売上アップの効率は非常に高い。

どんな業務をＤＸ化できるか

比較的簡単にＤＸ化できる業務には、次のようなものがある。これをローカル中小企業が活かさない手はない。

●販売実績に関するデータを分析する

１／１０００マーケティングのように極めて商品点数が少ない場合でも、売れ筋の要因分析は欠かせない。それにより、ヒット商品を作れる可能性が高まる。

●自動化と効率化

業務プロセスの自動化や効率化により、従業員が行なっていた繰り返し業務は削減できる。これにより、人件費やオフィススペースのコスト削減が可能になる。

●ペーパーレス化

デジタル化により、書類の印刷や保管にかかるコストは驚くほど減る。また、電子化されたデータは検索や共有が容易なため、業務効率が著しく高まる。

●データ分析による意思決定

データ分析を活用することで、より効果的なマーケティングや営業・販売戦略を立案できるようになる。これにより、広告費や営業費用を削減しながら、売上を向上させる可能性が見えてくる。

●オンライン販売チャネル（店舗）の活用

オンライン販売チャネルを活用することで、物理的な店舗の運営費用を削減できる。また、オンライン販売により、顧客層を広範囲に広げ、売上を増やすことができる。

ネットとリアルの兼業型が最強の形

先にも触れたように、実店舗を構え、そこからネットに種々の情報発信を行なう「オムニチャネル型」の企業のほうが、感情や状況変化にまつわる価値要素の提供に優れていると言われている。

「象徴性」「感覚的魅力」「人的魅力」「帰属意識・縁」といった人的な効果は、ネット通販専業企業の2倍を超える評価を得ているという報告もある（Bain & Company 調査から）。

DXは非ネット企業を消滅させるのではなく、より儲かる企業へと変革する力を持つと考えて欲しい。そうした意味では、「ホームページ」は実店舗と同等か、それ以上に手を入れるべきなのだ。

$\frac{1}{10,000}$マーケティング事例

日本一小さな市（蕨市）の地域型商店街から「50歳決め打ち」のライフコマース・ブティックを目指す

――老舗洋品店からブティックへ。折からのファッションブームで急拡大し、最盛期は7店舗を数えた。しかし今では、元の本店のみの1店舗に。起死回生に向けて、三代目社長が「妻とスタッフによるライフコマース」に取り組む。

埼玉県蕨市 ＆ｙｏｕ 滝澤勝三さん

地方の小都市の寂れた商店街は、半数以上の店舗がシャッターを下ろした休廃業状態にあり、「シャッター通り」と揶揄される状況にある。

同店もそんな状況のなか、できるだけ多くの顧客を得ることを目的に、最後の1店舗は「ミドルエイジ」という曖昧なターゲットとコンセプトで店作りに取り組んだ。

結果、近隣のSCの売り場と同様の商品展開になりがちな上に、価格的には高く、客離れが進む一方であった。

そこで、社長の妻の発案で、「店内で妻とスタッフが客と販売員（コーディネーター）役に分かれ、メーカーの季節ごとのサンプル品を使って店内販売の臨場感を伝

えるという、一味違うライブコマースに取り組みはじめた。

「対象顧客は50歳決め打ち」と銘打って、毎週木曜日の閉店後の午後9時から10時に「着こなし提案型のライブコマース」を配信している。

妻とスタッフの素人的な面白さと、お洒落で気さくなカジュアルラインのコーディネートが人気になり、ライブコマースの視聴回数は伸びはじめた。それに比例して、

実店舗の一部を活用した「ライブコマース・スペース」から発信。店主の奥様とスタッフとお客様も交えた、オモシロ・タノシイライブが人気。「見て、買った」「見て、来て、買った」のお客様の声。オムニチャネル対応の面目躍如。

ネット販売・来店販売ともに伸びが見えはじめた。来店促進効果で客数は1割増、わざわざ都内から来店するお客も増え、売上は減少から増加に転じつつある。

「個人が個人に売る」を基本に、オシャレの目利きとしての話題が信用を生んでいる。

今後はさらにターゲットを絞り、実演的プロモーションでの通販と来店促

進の二兎作戦に取り組むと言う。二兎作戦を可能にするのはＤＸ、というのが社長の答えだ。

ライブ販売を開始したのは２０２０年。３年間、試行錯誤したことでオンラインショップとして機能しはじめ、域外（東京）のミドル客も珍しくなくなった。現在の月の売上は50万～70万円。１００万円が当面の目標だ。

ローカル・中小企業のためのDX戦術

誰でも使えるDX

アメリカでは、3歳の子どもでも自在に英語を話している。私に関して言えば、英語の勉強はそれなりにしたつもりだが、外国人相手に自在に話すことなど思いもよらない。アメリカの3歳児は英語を学習したわけではない。しかし、当たり前のことだが、とても流暢に話す。これは環境のなせるワザと言うほかない。

何が言いたいのかと言えば、「**学び、理解していること**」と「**使えること**」**は次元が別と考えていいのではないか**、ということだ。DXに関係するシステムや機材も同様で、使う環境にいれば、さして時間を要さずに使えるようになる。多くの人が最初はよくわからなかったスマホのメール機能も、今では難なく使いこなしているはずだ。

初心者がDX化に取り組む際の心得

●基本的にわかる（機械的・構造的・システム的な理解）必要はない

わからなくていいから、「見よう見真似」でやってみることが肝心だ。やっているうちに使いこなしている自分に気づくことになる。

●学ぼうとせずに慣れるようにする

学ぼうとするから「わからない」が出てくる。すると不安とイライラが募り、諦めの原因となり続かなくなる。だから、ただ「見よう見真似」で使ってみることだ。

●2人ではじめよ

できれば、夫婦や友人と複数ではじめるのがよい。3人寄れば文殊の知恵なのだから、2人なら互いに「あーだ、こーだ」と言っているうちに自然に身についている。

●間違えることは失敗ではない

「間違えたらどうする」と言うが、間違いと失敗はまったく違う。間違えたら訂正してやり直せば失敗にはならない。むしろ、間違えることがうまく使いこなすポイントだ。

●人に頼め

そう、困ったらそばにいる人に聞いてみよう。場合によっては頼んでみよう。

商工会議所、商工会、自治体等の「ＤＸ関連セミナー」（ほとんどが無料）を受講してみることをお勧めしたい。そうしたセミナーを通じて相談できる人、頼める人が見つかることは少なくない。

ネット販売に精通した都市部の人材を効率活用

働き方改革が浸透したことで、若い人を中心に「兼業・副業」をする人が増えている。そのなかには、都市部のそれなりの会社に勤めながら、ネットに精通している人がいるはずだ。ネット環境（パソコンとインターネット）さえあれば、自らの業務が終わる5時以降に東京在住の彼・彼女らの手を、低コストで借りることができる。

こうした兼業・副業者は、無料で使えるさまざまな人材募集サイトで募集・採用ができる時代になっている。従来であれば地元の人材を探さざるを得なかったが、Ｚｏｏｍ等を使うことで遠隔打ち合わせが可能だし、コミュニケーションを十分に取りながら仕事を進めることができるようになっている。

たとえば、石川県にある和菓子店は、都心部で本業を持ちながら、副業・兼業で地方企業の手伝いができる「ふるさと副業」と呼ばれる働き方の人に、自社のホームページの改善を手伝ってもらっている。

こうした人材は無料掲載が可能な求人サイト（Indeed など）で、簡単な手続きで募集することができる。可能であれば、都市部在住の「地元出身者」を募集するのが、「意欲・地域認知」という点からも効果的だろう。

兼業・副業のネット専門家の実務活用ポイント

依頼する際には、まず、頼みたい仕事の内容を具体的かつ明確にする。「こんな商品を東京の消費者に向けて販売したいので、ホームページを作りたい」とか、「今、ホームページはあるがうまく機能していない。なんとか販売に結びつくように工夫して欲しい」等、できる限り具体的に依頼事項をまとめおくようにしよう。

1 ウェブデザイン ホームページのデザイン・キャッチコピーを中心に、どうすれば商品・製品・サービスのよさが伝わるかを相談する。

2　コンテンツ制作　販売する商品の特性、店としてのサービスの特性、店主の当該商品・製品に対する思い入れ等を明確にして、わかりやすく紹介できるようにまとめてもらう。

3　SNS運用　ツイッター、インスタグラム等での広告・宣伝に向けて、売り込みたい商品・製品の特長・特徴を整理し、どのように説明して欲しいかをまとめておく。

4　SEO対策　インターネット上で自社のホームページが上位に表示されるようにする対策を立ててもらう。

予算と納期をはっきりと決めておくことで、自分の求める範囲の人材を見つけやすくなる。また、相場を調べておくことも大切。

人材を探す

●クラウドソーシングサービス等で探す

クラウドソーシングサービスには、ランサーズ、クラウドワークス、ココナラ等がある。個人事業主や副業者が多く登録しているため、適切な人材を見つけやすい。

●SNSやブログで探す

兼業や副業者が自身のスキルをアピールするために、SNSやブログを利用しているケースが多い。そういった場所で人材を探すのも1つの手。

●知人や友人の紹介

知り合いや友人から紹介してもらう方法もある。こうしたケースなら比較的、信頼性が高く、安心して依頼することができる。

●契約を結ぶ

仕事の内容や条件に合意したら、契約書を作成し、双方で署名・捺印を行なう。これにより、仕事の範囲や責任、報酬などが明確になり、トラブルを防ぐことができる。

1／1000マーケティングを実現する「ホームページ」

ホームページは、単なるネット上の広告塔ではない。「WWWという世界規模の商店街」に出店した「デジタル支店」であると考えるのが、オムニチャネル的発想だ。WWW商店街は東京の銀座より、ニューヨークの五番街より、パリのシャンゼリゼより断然人通りの多い商店街なのだ。それだけに、世界的なお店がひしめいていて、そこを通る人は「珍しいモノに目がない」。そして、あなたは日本のローカルにある「珍しい」をしっかりと持っているのだ。さあ、地域にこだわり、地方からウッテ（打って・売って）出よう。

日本のホームページの実数は正確には把握できていないが、類推すれば、およそ

9800万という驚くべき数になる。しかし残念なことに、ビジネス的に稼働しているケースは1割にも満たないと思われる。**特にローカル中小企業の場合、ほとんどがホームページは「作っただけ」で「店」として機能しておらず、売上効果は発揮されていない。**「売れるモノ」はある。売れるはずの「仕組み（ホームページ）」もある。しかし、売る気がまったくないとしたら、こんなに損なことはない。

日本では、ホームページはインターネット上の「看板」のような扱いからスタートしており、そこから「ホームページはひとまず作っておけばいい」という発想になり、ホームページ（ドメイン）の所有者がほとんど見ていない状況に陥っている。結果的に何の対策もとられず、動きのないホームページはやがてネットの隅に追いやられ、誰も寄りつかなくなる。

すなわち、アクセス（お客予備軍の接近）はまったくなくなり、死んだホームページ（デッド・サイト）になってしまっているのである。

ホームページはウェブサイトとも言われ、ウェブ上のサイト＝「場」である。つまり、ウェブ上で「お客と出会い、売り買いを行なう場」、すなわち「デジタル・ショップ」と捉えるべきなのだ。

客離れの要因は「看板倒れ」「看板に偽りあり」

ホームページはインターネット上の「看板」のようなモノという考え方がある。看板は、商店・企業にとって「宣伝のために屋号、扱う商品、うたい文句などを書いて人目につくところに掲げておく板状のもの」。インターネット上においては、ホームページの「トップページ」ということになる。看板はその店の屋号であり、歴史であり、店としての信用・信頼の裏づけでもある。ゆえに「看板に傷がつく」「看板倒れ」「看板を借りる」という言葉があるのだ。

「店の看板の文句にひかれて」入ってみたら、まるで違う扱いを受けた場合、その人は二度とその店の敷居をまたぐことはない。ホームページを見て「素敵なお店」と思って出向いたところ、まるで違うイメージだったとしたら、ドアを押す気にもならなくなる。

こんな当たり前のことを忘れて、「実店舗（実際の会社）」とかけ離れたホームページを作ってしまっているケースが少なくない。

多くのホームページが業者任せや業者のいいなりに、見た目本位に作られており、実態と乖離している。まさに、「看板倒れ、看板に偽りあり」の信用失墜型のホームページがあふれているのが実情だ。

成功するホームページ（ウェブサイト）のリニューアルの考え方

ウェブ活用やデザインなどの指導・研修を多く手がける相原宏美さんに、ウェブサイトのリニューアルの考え方や具体的なサイトの活用方法について聞いた。

「あなたのお店のウェブサイト、カッコいい！」だけでは、お客様は見てくれません。大事なことは、**目的の明確化**と**メンテナンス**です。

「うちのウェブサイトを作ったのは○年前で、それから見直しはしていないなあ」といった声を聞くことが少なくありません。また、どうやってウェブサイトを作成したらいいかわからず、結局、制作会社に丸投げしてしまったというのも、非常によく聞く話です。

ウェブサイトに関してよくあるのが、「とにかくカッコいいものを作ればいい」という誤解です。想像してみてください。「今人気だから、山奥におしゃれな旅館を建てよう。現地に来てくれれば、ここがとてもいい場所だとわかってもらえる。いいものを建てたから、掃除をしなくても大丈夫」――はたして、これでお客様は来てくれるでしょうか？　答えはもちろん「ＮＯ」です。

しかし、ウェブサイトではこのような問題がよく起きています。せっかくよいものを作っても、その後何もしないことでまったく機能していないサイトがとても多くあります。もしあなたの会社・事業のウェブサイトがそのような状況であれば、見直すところからはじめてみましょう。

見直す際に気をつけたい2つの点

まず、**自社・自分の事業のターゲット、ウェブサイトの目的、あなたの製品やサービスの売り**をしっかり考えて書き出してみましょう。「カッコいいからウェブサイトを見る」という人は、ほとんどいません。見る人は何らかの目的があって、あなたのウェブサイトを見にきます。あなたがアピールしたい内容・商品の特徴などがわかりやすく掲載できるよう、まずは目的を考えましょう。

次に、**複数の制作会社・制作者にヒアリング**してみましょう。せっかく考えたあなたの目的を実現してくれそうな制作者を探すことは、とても重要です。その制作者が過去に作成したサイトを見ながら、自分のイメージに合う人を探し出しましょう。

これから作成する場合もここまでの2点は同じですが、さらにお伝えしたいことがあります。それは、繰り返しますが、「おしゃれ」「カッコいい」サイトでなくてもいいということ。特にローカルな商品を売るお店は、そのローカルさを前面に出すことで、他のサイトと差別化を図ることができます。

とあるサイトは、あえて「昭和のサイト」のまま運営しています。その「ダサさ」と表示の速さ（画像や動画などが少ないのですぐに表示できる）が好評で、アクセスを伸ばしている事例です。

文章をあえて普段の言葉遣いにして、ざっくばらんな雰囲気に人気が集まっているサイトもあります。

「カッコよさ」に重きを置かず、**あなたらしさ、会社らしさが伝わるサイトに好感を持つ人が多い**のが実際のところです。

もし自社でSNSやユーチューブを運用しているのであれば、アカウントをウェブサイトに掲載しましょう。特に動画はウェブサイトでの訴求効果が高いので、ユーチューブをサイト上で表示できる設定にしておくことをお勧めします。

ウェブサイトだけで集客や販売ができるというわけではなく、ウェブサイトは最終的なゴールとして扱われることが多い場所です。そう考えると、ウェブサイトはネット上のあなたのお店。もし実店舗なら、ホウキで掃いたり窓拭きをしたりしますよね。また、お客さんからの意見を聞いて商品を並べ替えたりします。

その考え方をウェブサイトにも転用し、見てくれる人の意見を取り入れながら、こまめにメンテナンスをすることが、ウェブサイト活用にはとても重要です。

もし何もしていないウェブサイトがあるなら、次ページの手順書に沿って見直してみましょう。

184～188ページ：相原宏美

図9●リニューアル時に自社で行なう事前チェック

<table>
<tr><td colspan="2">自社内にWEBサイトに詳しい人物が　いる・いない
→いない場合の解決策
1.　自社内でウェブサイト（HP）をどのように活用したいのか？
2.　他社になくて自社にある最大の特徴・自社サービス/商品に対するこだわりや特徴を明確にする
3.　ウェブサイト（HP）完成後の運営は自社または外部なのか？
　上記の項目を中心に、自社のウェブサイト（HP）作成に対する想いが伝わる・相談時にアドバイスがもらえる発注先を選ぶ（価格の安さ・サービス内容・身近で頼みやすい等で判断せずに、最終ゴールを一緒に目指して実行できる発注先を選ぶ）</td></tr>
<tr><td rowspan="5">1</td><td>自社内でウェブサイト（HP）をどのように活用したいのか？（目的）
例：問い合わせを増やしたい、商品のイメージをわかりやすく伝えたい、自社のイメージチェンジ、既存客に最新情報を伝えたい、自社ブランドイメージを作りたい、必要最低限の情報のみでOK、検索した時に上位表示させたい、新規顧客の増加</td></tr>
<tr><td>ウェブサイト全体の見た目の印象は？
※自社イメージを客観的に見た場合の印象（自社とかけ離れた憧れで選ばない）
例：親近感、わかりやすい、上品、誠実、革新的、可愛らしい、優しい、デザイン性、日本的、自然、親切（ホスピタリティ）</td></tr>
<tr><td>ウェブサイトをどんな人に見て欲しいのか？
例1　（自社・自店のウェブサイトにたどり着く人をイメージする）
地域密着型のため地域の方に見て欲しい、日本国内の〇〇な人、世界中の人に見て欲しい、1点物を探している人
例2　（自社・自店のウェブサイトにたどり着く人の性別や年齢層など、普段の生活をイメージする）
年代は？　10代、20代、30代、40代、50代、60代、70代～
性別は？　男性、女性、性別は不問
普段の生活は？（一例）会社員、子育て中のママ、会社を退職後に生活を楽しんでいる等</td></tr>
<tr><td>ウェブサイトを見て欲しい人がどんな媒体から訪問するのか？
パソコン、タブレット、スマートフォン</td></tr>
<tr><td>ウェブサイトに問い合わせがあった場合の運営方法
問い合わせで使用したい連絡手段　（※社内体制を見極め、憧れで選択しない）
お問い合わせフォーム、メール対応、電話で対応、LINE、その他のSNS</td></tr>
<tr><td rowspan="3">2</td><td>自社の想いやこだわっている点
記入例（大手の量産態勢にはない部分に注目し、その部分を強みとしてウェブサイトを通して伝える）
・既製品とは違う、使う人に合わせた世界に1つだけの商品作成が可能
・何でも持っている・食べている方への贈り物に迷っている方へ、世界に1つだけのオリジナル品で感動を伝えられる（贈り主の想いを乗せて制作する個別対応が可能）</td></tr>
<tr><td>他社と比較した際の自社のアピールポイント
記入例（大手の量産態勢にはない部分に注目し、その部分を強みとしてウェブサイトを通して伝える）
・既製品とは違う、使う人に合わせた世界に1つだけの商品作成が可能</td></tr>
<tr><td>掲載したい内容
例：自社の紹介、サービス内容、自社の想い、商品説明、自社の場所（アクセス）、最新情報</td></tr>
<tr><td rowspan="2">3</td><td>ウェブサイト（HP）完成後の運営は自社か外部か？
デザイン～制作まで自社、デザイン～制作まで外部で制作・運営までを外部依頼、
デザイン～制作まで依頼→その後の運営は自社（自社内に運営知識あり・自社内に運営知識なし）</td></tr>
<tr><td>自社内にウェブサイト担当者を置くことは可能か？　　はい　いいえ
※年齢、性別等、無意識の偏見で選ばないことが重要</td></tr>
</table>

来店促進のためのコンテンツ作りのポイント

●人のいるホームページ

ホームページは単なる「電子看板」ではない。何度も言うように、オムニチャネル対応で考えれば、店そのものだ。店には責任者として「店主」がいる。その責任者の顔が見えないのは、店の信用に関わることではないだろうか。

夫婦2人で切り盛りする店（事業）なら、夫婦の笑顔がお客を和やかに、そして安心させる。それが、「買ってみたい」につながる。

●ファサード（トップページ）に「地域の四季の風景」を

ひっきりなしに人が行き交うような好立地の店ならともかく、いつ見ても代わり映

「こだわりトマトとメロン作り谷口」は、昔の「夏のトマト」
を思い出す。「土の香りがするトマト」を作っています。

「こだわりトマトとメロン作り谷口」のホームページ。ヒト（経営者と関係者）とモノ（商材）との組み合わせが興味を引くことと合わせ、信用・信頼のもとになる。

え映えのしない店では、覗く気にならない。

日本は比較的に四季が明確で、四季の変化が生活の変化につながり、そこから購買動機が発生する。

ホームページも同様で、四季に応じてトップページの一部を変えるべきだ。たとえば、ローカルであれば店の近くの「里山」の景色を入れ替えるのもいいかもしれない。「もう、秋。緑一色だった田んぼが黄金色に染まりました。そう、私どもの〇〇〇も秋の味をお楽しみいただけます」のコピーに商品写真を添える等の工夫が、サイトのコンバージョン（購買動機）を一気に押し上げる。

●月替わり12回の「マンスリーリニューアル」

四季の変化が購買動機につながることと合わせ、毎月の定例的な行事も購買動機につながりやすい。たとえば、チョコレートの消費が一気に膨れ上がり、年間の3割以上をその週で売ってしまうという2月の「バレンタインデー」。そして、そのお返しの「ホワイトデー」も大きな需要を生み出している。

そう考えると、月ごとの行事やアニバーサリーをトップページの片隅に入れ、自店の商品と絡めることで、コンバージョンを高めることが可能になってくる。

左の表を参考に、地元行事も織り込みながらトップページに季節感のある動きを持たせれば、SEO的にも有効性が得られるようになる。

このように季節ごと、月ごとに移ろい変わるローカルの日々は、都市部在住の高齢者には懐かしく、若い人には昭和的な珍しさに映る。

あなたがいつも愛でている地域の風物と行事と組み込んだ四季折々、月々の「トップページ」を作ることが、ウェブサイトにおけるファサード作りであり、ウェブ上での店内陳列を意味している。

図10● ホームページのリニューアル例（6ヶ月）

月	地域の行事	記念日等	健康に関わる変化等
1月「睦月」	• お正月 • 七草	• 成人の日 • 漬物の日	• インフルエンザ・コロナ
トップページ対応（例）	• 田舎の七草料理	• 成人の日に故郷から「送って上げたい地元のお漬物」	• 冬場の健康づくりに「田舎のタマゴ酒」の作り方
2月「如月」	• 節分 • 立春	• バレンタインデー • 8日は「果物の日」	• 花粉症
トップページ対応	• 邪気払いの田舎の豆料理	• 送るのは「チョコ」だけ？ • 私はお洒落な「果物大福」	• 花粉に負けない○○を知っていますか？
3月「弥生」	• 雛祭り • 卒業、就職	• ホワイトデー • 29日は「肉の日」	• 季節替わりの疲労感
トップページ対応	• ○○中学校の卒業式	• お返しは故郷の香り溢れる○○ケーキ	• 田舎の滋養強壮は春野菜の故郷煮
4月「卯月」	• お花見 • 花まつり	• エイプリルフール • 20日は「ワインの日」	• 黄砂現象
トップページ対応	• 地域の桜だより	• ワインを超える「熟成日本酒」を試してみませんか	• 黄砂対策の「緑のカーテン」
5月「皐月」	• 八十八夜 • 新茶	• メーデー • 11日は「麵の日」	• 紫外線強まる • 五月病
トップページ対応	• 本気で八十八夜に摘みました。八十八夜限定茶	• そこの面々、麵はいかが。	• 麦稈真田（麦わら帽子）の作り方
6月「水無月」	• 衣替え • 梅雨入り	• 3日は父の日 • 16日は「和菓子の日」	• カビに注意
トップページ対応	• 雨の田んぼの風景	• お父さんの好きな和菓子10選	• 地域に伝わる「カビ防止」、これは結構効きます

あなたが楽しみながら作るサイトを楽しいと感じる人が、1万人に1人は必ずいる。そして、出会うことができたなら、その人が生涯顧客になる可能性は高いのだ。

「シーズンバージョニング」で年間の客単価を倍加する

消費者の需要は季節や行事で変わる。1/10000マーケティングは、一点特化(差別力のある特化した商品・製品)からはじめて、徐々にアイテムを増やす販売戦略だが、場合によってはワンアイテムで世界的な市場拡大を目指すことも、差別化の強み発揮と高粗利化を実現するポイントになる。

売上を上げる方法は2つ。「**客数を増やす**」、または「**客単価を上げる**」だ。

現在の日本のように、少子高齢化による人口減少、消費人口の減少の流れにあっては、単純な客数増加策は費用対効果で考えると難しい。してみると、考えるべきは「客単価」増加だが、一品あたりの単純な値上げは効果的とは言えず、ワンアイテムでの売上拡大策としては「シーズンバージョニング」が有効だ。

日本は四季が明瞭で、シーズンごとの生活変化が消費に与える影響は依然として大きい。そこで、同様の商品でも季節、月ごとにバージョンを変えて提案することで、同一のアイテムで購買動機を高めることは可能だ。たとえば、和菓子店では「朔日《ついたち》饅頭」として、月ごとの餅菓子・饅頭等を販売することでお客が行列を作っているケースがある。

消費者の多くは季節に応じた商品やサービスを求めているため、その需要に合わせることで、販売機会を最大化することができるケースが少なくない。たとえば、夏至には「とうがん」、冬至には「カボチャ」、こうした二十四節気に合わせた商品の工夫は、年間客単価を大きく押し上げる効果を持つ。

バージョニングは年間で24回。商売人として四季折々のバージョニングを考えることで、新たな顧客開拓の可能性が生まれるのではなかろうか。

こうした消費者的「わがまま」を一笑に付していては、変わることができない。消費者の素人的なわがまま、すなわち、顧客のウォンツに応えることが、全国的な顧客獲得につながる。それは、ローカル中小企業にとって、全国の1万2000人の生涯顧客という、ものすごい経営資源を得ることなのである。

図11 ● 四季に応じた商品を提案する（和菓子の例）

季節	二十四節気名	月	新暦の日付	シーズンバージョニング（例・和菓子）
春	立春《りっしゅん》	1月節	2月4日頃	フキノトウの苦味餅
	雨水《うすい》	1月中	2月19日頃	桜葉の大福餅
	啓蟄《けいちつ》	2月節	3月5日頃	初苺大福餅
	春分《しゅんぶん》	2月中	3月21日頃	春迎牡丹餅
	清明《せいめい》	3月節	4月5日頃	清見大福
	穀雨《こくう》	3月中	4月20日頃	新茶練り込み餅
夏	立夏《りっか》	4月節	5月5日頃	本柏餅
	小満《しょうまん》	4月中	5月21日頃	ビワ大福
	芒種《ぼうしゅ》	5月節	6月6日頃	サクランボ大福
	夏至《げし》	5月中	6月21日頃	夏みかんの酸っぱい餅
	小暑《しょうしょ》	6月節	7月7日頃	ウナギ煎餅、ウナギ餅
	大暑《たいしょ》	6月中	7月23日頃	桃大福、桃ゼリー
秋	立秋《りっしゅう》	7月節	8月8日頃	スイカ汁（冷やしておいしい）
	処暑《しょしょ》	7月中	8月23日頃	巨峰大福
	白露《はくろ》	8月節	9月8日頃	栗饅頭
	秋分《しゅうぶん》	8月中	9月23日頃	松茸餅
	寒露《かんろ》	9月節	10月8日頃	梨ゼリー
	霜降《そうこう》	9月中	10月24日頃	柿大福
冬	立冬《りっとう》	10月節	11月7日頃	銀杏餅
	小雪《しょうせつ》	10月中	11月22日頃	芋餅
	大雪《たいせつ》	11月節	12月7日頃	大根ゼリー
	冬至《とうじ》	11月中	12月21日頃	カボチャ餅
	小寒《しょうかん》	12月節	1月5日頃	七草団子
	大寒《だいかん》	12月中	1月21日頃	鬼豆、鬼大福

著者作成

1／1000マーケティングにおける「SNS」の活用

宣伝・広告で最も低コストで最も効果的なのが、「優良なクチコミ」である。SNSで言うなら、「UGC（User Generated Content）／ネット上のクチコミ的発信」だ。買った人、使った人がSNSで紹介してくれることに勝る広告・宣伝はないだろう。そしてインターネット上では、噂は伝染的に拡散していく。知らぬ間に「お客予備軍」が急増していることもある。

代表的なSNS「Twitter（ツィッター）」「Instagram（インスタグラム）」「Facebook（フェイスブック）」はいずれも基本的には無料であり、ほぼゼロコストで全国への情報提供（宣伝・広告）が可能になっている。ホームページ（ウェブサイト）＋SNSで、超低コスト、かつ効果的な集客アプローチができるのが現代なのだ。無料の

ＳＮＳで人気のサービスを５つあげる。

●Facebook（フェイスブック）

世界で29億人、日本では２６００万人のユーザーを抱える世界最大のＳＮＳ。基本的に実名での交流なので、投稿内容に節度が保たれるのが人気の理由。そのため、ユーザーの年齢層も高めで40～60代が中心。中高年ユーザー向けの商品紹介に持ってこいで、効果も期待できる。

●Twitter（ツイッター）※２０２３年７月に社名・サービス名を「Ｘ（エックス）」に変更。

世界で３億３０００万人、日本で４５００万人のユーザー数を持つ。１４０字以内の文章を投稿（ツイート）する「つぶやき型」のＳＮＳで、リアルタイムの情報提供に効果的。

●Instagram（インスタグラム）

「インスタ映え」という言葉があるくらい浸透が進んでいる。世界で10億人、日本で

3300万人のユーザー数。位置情報アプリから写真投稿アプリに特化したことをきっかけにユーザーを増やした。動画の投稿もできるのが強み。

●YouTube（ユーチューブ）

世界で25億人、日本で7000万人のユーザーがいる動画投稿型のSNS。投稿はせず、視聴するだけで「チャンネル登録」や「コメント」で参加するユーザーが多いのが特徴。視聴ユーザーにとってはさまざまなジャンルの動画をいつでも無料で観られるのが人気の理由。人気の動画はツイッターなどで拡散され、「再生回数」が100万回以上になることも珍しくない。

●LINE（ライン）

メール・チャットが手軽にでき、無料の音声通話機能もあるため、人気になった。国内ユーザーは9500万人を超える。人気の機能に「グループチャット」があり、そこで発信したメッセージは特定のメンバーに同時に共有される。店を中心とした顧客コミュニティに向けた固定客ツールとしての活用が視野に入る。

SNSでの拡散に向けて

SNS活用の講師として全国で活躍する雲丹亀真穂《うにがめみほ》さんに、SNS活用方法の具体的ポイントを聞いた。

ネットでの販売促進において、SNSの存在は切り離せなくなりました。企業が積極的にSNSを取り入れる理由は、なんと言っても「少ない予算で商品の販売促進・売上向上につながる」からです。

実際、電通の発表によると、2019年に日本の広告費はSNSを含むネット広告費がテレビ広告費を超えました。広告費予算を多く持てない中小企業・小規模事業者にとって、画期的な販促法とも言えます。

特にコロナ禍でSNS発信を強化した、もしくははじめた中小企業の成功事例が多く見られます。逆に言えば、SNS等のネット活用をまったく行なわなければ、人口減少が加速する地方においては「モノがどんどん売れなくなる」可能性が増すとも言えます。

実際、**コロナ禍で売上を上げた中小企業は、既存のエリアを飛び越えて、こっそりと新しい市場を開拓していた**のです。

SNSは無料ではじめられますから、新しい市場を開拓する手段として選ばない手はありません。リスクがあるとしたら炎上やアカウントの乗っ取りですが、これも正しい知識を持って運用・対策すれば、大きな問題はないでしょう。

「映え」から「共感」の時代へ

自社でSNSに取り組もうと思ったとき、最初に苦労するのは「そもそも何を発信すればいいのか？」、つまり発信するコンテンツ作りです。

私の研修では投稿ネタの作り方もお伝えしますが、なかには「インスタグラム？

製造業のウチには関係ない」「SNSに掲載できる商品がない」といった声も多くいただきます。ネタどころかネットが苦手、SNSアレルギーで……というお声も。

最初からハードルを上げる必要はありません。最近のSNSユーザーが求めている情報は、「完璧で・隙のない・映えるコンテンツ」ではなく、**お互いの距離感が近く、いいね！やコメントがしやすい情報**です。というのも、ネット広告の乱立により、ユーザーは現実離れした世界観や誇大なキャッチコピーに飽き飽きしており、素人的な作りがむしろ好まれる傾向にあるからです。

ユーザーは、皆さんの商品に関していわば素人。玄人と素人がSNSでつながるのに、映える写真や高度な知識、学術的理論を発信する必要はありません。SNSで最も喜ばれるコンテンツとは、**その道に詳しい玄人が、素人目線でやさしく解説し、納得・共感させ、心を動かし、いいね！と思わせる情報**です。

だからこそ、中小企業にとってはチャンス。大企業が立ち入ることができない、ユーザーと距離が近い場所で、共感を得られる発信をしていきましょう。社長の経営努力や社員の心遣いを見せていくのもいいですね。

中小企業がＳＮＳで勝つ３つのポイント

具体的に、中小企業は何を発信すれば、ＳＮＳ社会で勝てるのでしょうか。３つのポイントに絞ってお伝えします。

1 強みを見せる

ＳＮＳはソーシャル・ネットワーキングという名の通り、ネット上に作られた社会的コミュニケーションを交わす場所です。その世界において投稿が「自社の宣伝」ばかりになってしまうと、ユーザーは売り込まれていると感じ、離れていきます。

ただし趣味ではなく商売のアカウントですから、ＳＮＳの上手な利用の仕方として、ユーザーに味方になってもらい最終的に購入につなげるという方法がお勧めです。まずは通りすがりのユーザーにこちらを向いてもらうため、「自社の強みを見せていく」ことを意識してください。たとえば、

塗装業：他にない多種の色味や材料を扱っている
看板業：雨に強い素材を使っている
イメージコンサルタント：忙しい顧客にオンラインでファッション・アドバイスできる仕組みを持っている
和菓子店：独自製法で真夏でも溶けにくいアイスキャンディーを販売している

こういったそれぞれの会社が持つ強みに、ユーザーは反応します。なかにはクラフトビール好きの美容室オーナーが、髪を切りながらお勧めのビール銘柄を飲めるサービスを考案して発信したことで、繁盛店になった事例もあります。

特に目を引く奇抜なアイデアではなくとも、製造過程のちょっとしたこだわりなど小さなことでも構いません。**自分では当たり前だと思っていることも、実はSNS上では立派な強みであり差別化要素**になります。

自分では気づいていないこともあるので、他人に聞いてみるのもいいでしょう。顧

客に「自社商品を選んでくれた理由」を聞いてから発信する人もいます。

2 ● プロセスや裏側を見せる

プロセスとはその名の通り、過程をSNSで見せることです。

たとえば瓦業者が、一枚一枚屋根瓦を丁寧に並べる施工中の様子をライブ配信すると、通常は見る機会のない職人技を、まるでその場にいるかのように楽しむことができます。「過程を見られても大丈夫」という、技術に対する自信を感じさせることにもなります。

屋根裏施工の様子を動画で配信しているある害獣駆除業者は、同業他社の雑な施工ぶりを耳にしたことがきっかけだそうです。害獣の侵入口がすべて塞がれておらず二次被害が多発していたことを知り、自社の丁寧な施行の様子を発信したことで、全国から依頼を受けています。

ある和菓子店は、インスタグラムの写真投稿欄に色とりどりの和菓子の写真を載せる一方で、「ストーリーズ」という24時間だけ表示される投稿欄には、どら焼きの皮がこんがり焼けていく様子を載せています。

ＳＮＳといえば完成した商品を掲載することに力を入れがちですが、こういった**未完成の情報にこそ、実は価値がある**のです。

3 ● まず地元でつながる

「1万人達成！」などとフォロワー数を発表する他社の声を聞くと、「うちはまだフォロワー20人か……」と暗い気持ちになるかもしれません。けれど、中小企業のＳＮＳ活用において大切なのは、フォロワー数ではありません（多いに越したことはありませんが）。

特に地元で商店を営む人、地場商品を販売している人、店舗でサービス提供している人は、まず地元でつながることがとても重要です。

というのも、ＳＮＳには、アルゴリズムという表示順位を決めるＡＩ機能が備わっています。このＡＩが、皆さんの情報を誰に届けるかを判断し、表示順位を決めています。つまり、皆さんの情報に興味がない人には、なるべく情報が表示されないように働きかけてくれる優れものなのです。

　この表示順位を上げるには、実は条件があります。「1」と「2」で述べた強みやプロセス発信など、良質なコンテンツを出すことも大切ですが、**少ないフォロワーでも、お互いに反応し合うことで点数が上がる仕組みになっています**。つまり、互いにいいね！　をつけたり、コメント、リツイートし合うことで、ＡＩが「このアカウントはユーザーからの反応がいいからより多くの人に見せよう」と判断し、表示順位を上げてくれるのです。

　これをＳＮＳのエンゲージメントと言い、日本語に訳すと「つながり」、つまり企業と顧客とのつながりの多さが、フォロワー数より大切なのです。

　地元でつながることに話を戻すと、皆さんの投稿に反応してくれる人は、遠くに住むフォロワーでしょうか？　会ったこともない人でしょうか？　おそらく日常的にコメントやいいね！　を送ってくれるのは、まずは顔見知りだと思います。

　ですから、地元の人とつながって、互いの投稿に反応し合いましょう。表示順位が上がることで、皆さんのお店が全国に拡散される確率はグンと上がります。

SNSはデジタル上の井戸端会議。ネット上にのれんを立てよう

「SNSは、ソーシャルネットワーキングサービスの略で、登録された利用者同士が交流できるウェブサイトの会員制サービスのことです」。これは総務省によるSNSの解説です。

つまり「ネット上の井戸端会議」とも言えるのがSNSで、この井戸端会議はお隣さんやご近所さんだけでなく、日本全国、世界中とつながることができる、とても大きな井戸端会議です。

時間も距離も超えることができるSNSをビジネスで上手に活用することができれば、自らのビジネスを大きく飛躍させる可能性が高く、実際にさまざまな人がSNSを活用して、ビジネスのネットワークを広げているのが現状です。

ＳＮＳをビジネスで活用するために、まず注意したいのは、**いきなり売り込まないこと**。テレビのコマーシャルなどでは商品を前面に出していることもありますが、**ＳＮＳはあくまでコミュニケーションのツール**であることを忘れてはいけません。自分の商品やサービスを紹介するイメージで活用することを心掛けてください。

目的は、ダイレクトに商品を売り込むのではなく、みんなに知ってもらって、ネット上の知人・友人・隣人に紹介してもらうようなコミュニケーション作りです。

ＳＮＳの特徴である「井戸端会議」では、クチコミの広がりが一番強いのです。実際の井戸端会議でも、〇〇さんの情報をみんなが信用して買いに行ったりしているはずです。

ＳＮＳはユーザー目線の情報が多く飛び交うツールなので、商品やサービスをリアルに感じられる投稿が喜ばれるという特徴があります。

ＳＮＳはコストがかからないというのも大きな魅力です。

これまで商品やサービスを知ってもらうためには、チラシを撒いたり、試食会や試飲会を企画したりなど、どうしても宣伝にはコストがかかりました。

SNSだと、そのコストは基本的にはゼロ。また、いつでもどこでも投稿可能。もはや活用しないことがリスクとも考えられるくらい、便利で手軽なツールなのです。

ただし、コストがゼロということで多くの人が利用しているので、どのようにお客様にアプローチしていくかがカギになります。

では、お客様にアプローチして購入に結びつけるにはどのようにしたらいいのか？考えるべきポイントは2つあります。

購入につながるSNS投稿とは

1つは、**ゴールをどこに設定するか**ということ。SNSはあくまで店の「のれん」で、その「のれん」を見たお客様を最終的にどこに連れていきたいのかを考えることが重要です。自社のホームページなのか、それともネットショップのページなのか、はたまた電話やメールでのご注文の案内なのか。そのゴールに向けてプロフィールや投稿を考えましょう。

投稿を考える際は、自分のビジネスを売り出すポイントを見つけることです。

たとえば和菓子店であれば、あんこやどら焼きなどの商品の製造過程を見せることで「食べてみたい」という思いを持たせて、ネットショップに来てもらうようにするといったことです。


何かサービスを売る場合は、提供する「私」「自社」のファンになってくれるように考えや思いを巡らせてください。

もっと言えば、「プライベートを見せることで『私』『自社』を好きになってもらって、問い合わせフォームに入力してもらう」というように、まずゴールを設定し、そのゴールのためにどのような投稿が必要で、そのためにどのSNSを使うかということを、ゴールから逆算していくことがSNSではとても重要です。

各SNSの特徴と活用ポイント

インスタグラム（Instagram）

インスタグラムは写真や画像、動画などを中心に投稿するビジュアル型SNSです。画像や動画を加工・編集できるフィルター機能が豊富に備わっており、画像処理ソフトや専門知識がなくとも、自分の好きなようにアレンジできます。また「ハッシュタグ」で見たい情報を検索・整理したり、投稿後24時間で消える「ストーリーズ」機能を使ったりして、ユーザー同士で気軽にコミュニケーションをとることができます。ユーザーは気に入った投稿写真に「いいね！」を押したり、他のユーザーをフォローして自分のフィードに追加したりすることができます。

一方、ツイッターと異なり拡散機能は弱いため、ハッシュタグの検索率を上げる施策や、表示順位を上げるための統一感ある投稿が求められます。

最近ではショッピング機能など、インスタグラムから直接、商品が購入できる機能も付与され、Eコマース業界からも注目されています。また、海外を中心にインスタグラムを使ったライブ動画配信、通称「インスタライブ」が積極的に行なわれ、商品の直接購入につなげるライブコマース販促も、インスタグラムが中心となって担ってきました。拡散力が弱いとはいえ、インスタグラムは他のSNSやオウンドメディア等と連携しやすく、企業の宣伝に利用することも十分可能です。

どのSNSからはじめたらいいかわからないという人には、インスタグラムをお勧めしています。ハッシュタグを使って検索する人に訴求できるほか、インスタグラムは写真・動画を見せることを重視しているSNSで、商品案内・ファンづくりに適しているのがその理由です。

また、ストーリーズ（24時間で消える投稿だが、その貴重性から多くの人が見に来る投稿方法）やリール（動画の投稿）という投稿方法があり、アプローチしたいお客様の目に触れる機会を多く作れるのもいいところです。

フェイスブック（Facebook）

フェイスブックは、世界最大の実名登録制SNSです。他のSNSと違って基本的に実名・顔出しで登録する点が最大の特徴で、実生活に根づきやすく、家族や友人・知人とのコミュニケーションが取りやすいプラットフォームです。

日本国内ではユーザー数がLINE、ツイッター、インスタグラムに次いで4位で、他SNSに比べると若干低い傾向にありますが、40〜60代の利用率が非常に高く、情報の信頼度が高いことから経営者の名刺交換代わりにもなっています。

フェイスブックには個人アカウントとフェイスブックページがあり、見た目は大きく違いませんが、機能は大きく異なります。

個人アカウントは主に友人・知人と情報交換する場であり、ビジネス視点で使うなら、たとえば社長自らが日常の取り組みや交流をアップしたり、面識のある人をタグづけしたりすることで、より顔の見える関係性を築くことができます。

一方、フェイスブックページは複数人での管理が可能で、広告を配信できたり、ページのアクセス状況を分析できるインサイトが利用できたりと、個人アカウントにはないメリットがあります。フェイスブックが企業の宣伝・広告に活用されやすい理由は、原則、実名で利用されるSNSだからこそ、ユーザーからの攻撃を受けにくい土壌があり、ブランドイメージを保つために適した媒体だからでしょう。

ツイッター（Twitter）※2023年7月に社名・サービス名を「X（エックス）」に変更。

ツイッターは、基本的に140文字以内の文章を投稿するSNSで、文字だけでなく写真や画像、動画の投稿も可能です。他のSNSと違って匿名性が強いのが特徴で、趣味や興味でユーザー同士がつながりやすく、まったく知らない人とも交流しやすいSNSです。一般的には身の回りに起こったことをつぶやいたり、趣味の情報を収集したりするために使用されています。20代を中心とする若手ユーザー層にアプローチしやすいと言われますが、企業の公式アカウントも多く、PRキャンペーンや企業同士が交流する場としても活発に使われています。

ローカル・中小の武器になる「リモート・スクリーン対応」

商売、取引は「人対人」で行なわれてきた。話して聞いて、相手の表情を見て、話題を選ぶ。そしてビジネスが動き出す。接客も営業も、「見る」「聞く」「話す」がポイントになる。

ただし、人に直に会うには移動等のコストが大きい。たとえば、北海道から東京に営業に出向くとなれば、宿泊費・交通費だけでも10万円近くかかるだろう。成約の可能性が低い状態で気軽に出せる額ではない。それで結果的に販路拡大を諦めてしまうケースも少なくない。ゆえに「売れるべきモノ・コト」が機会損失を起こしている場合もある。

ここへきて、Ｚｏｏｍ（ズーム）を中心としたリモート会議をはじめ、インスタグラム等によるスマホtoスマホのビジネスコミュニケーションが実働しはじめている。

いまや、沖縄の糸満の漁師のおかみさんが、東京の世田谷の主婦に地魚のおいしい調理の仕方を紹介して顧客化できる時代であり、すでにいたるところでそういった動きが見られる。しかし、その多くが見せ方で失敗し、せっかくの名物を売り切ることができない。

「百聞は一見に如かず」と言う。ネット上での動画の見せ方（撮り方）の工夫が、「買う気にさせる」大きなポイントになっているのだ。

スクリーンtoスクリーンの「動画」での販売促進を活用する

動画配信を手軽にはじめる方法について、全国で「動画撮影」のセミナーを行なっている、中山望さんに聞いた。

●特別な機材は必要ではない

必要な機材は「スマートフォン」と「三脚」。三脚は１００円ショップ等で手軽に購入できます。昨今のスマートフォンは高機能化しており、映画を撮影できるほどの機能があるので、撮影はスマホ１台で十分です。

●撮影前にスマホの2つの設定を確認しよう

ｉＰｈｏｎｅとＡｎｄｒｏｉｄで操作方法は多少異なりますが、まずは動画撮影を行なうカメラを設定します。画質は地上デジタル放送に近い「フルハイビジョンサイズ」がお勧めです。「４Ｋ」に設定されている場合は、４Ｋ以外のものを選ぶといいでしょう。４Ｋだと高画質すぎて、スマホの容量を圧迫してしまうからです。

ｉＰｈｏｎｅの場合は、「1080pHD/30fps」に設定することをお勧めします（Ａｎｄｒｏｉｄの場合は機種によって異なるため、各メーカーのＨＰを確認してフルハイビジョンサイズを選ぶことを推奨）。

次に、動画の水平を見るためにグリッド機能を使います。グリッド機能（Ａｎｄｒｏｉｄでは「補助線」「ボーダー線」などと言われる）とは、縦２本、横２本の補助線のことです。これは三分割法と呼ばれる撮影テクニックで、画面の縦横を三分割し、重なるところ（交点）に被写体を配置することでバランスのいい写真・動画が撮れるという技法です。この補助線を利用して被写体が曲がっていないかどうかを確認することで、安定した動画を撮影することができます。

ここまで設定が終わったら、動画配信を想定しているプラットフォームに合わせて、「縦」で撮るのか「横」で撮るのかを考えます。ユーチューブやホームページならスマホを横にして撮影、ショート動画の場合は縦での撮影が適しています。

実際に撮影する際には、次の3つの点に注意すれば上手に撮ることができます。

1●スマホを固定する

手ブレ補正機能がついたスマートフォンが登場していますが、ビデオカメラなどに比べると、やはり手ブレが起きてしまいます。三脚などを用意して、カメラ（スマホ）を固定することで、手ブレの少ない安定した動画を撮影することができます。

2●光を意識する

商品や人をきれいに映すためには、光が重要です。室内撮影の場合、蛍光灯の光ではどうしても青っぽくなってしまうため、太陽光を活用することを意識しましょう（テレビの照明も太陽光をイメージしているそうです）。

人物や商品が暗く映ってしまうと、表情が見えづらくなって気力がない印象を与えたり、商品の色合いや機能などを正確に伝えることができなくなります。被写体の背後に窓や照明等の光源がある「逆光」だと、顔や商品が暗くなってしまうので、窓や照明などが被写体の背後にならないように気をつける必要があります。

映像制作のプロは業務用照明などを使いますが、その照明以上に被写体を美しく撮影できるのが太陽の光・自然光です。自然光は「人物の肌をきれいに映す」「料理をおいしそうに見せる」など、被写体本来の色を引き出します。窓の近くなど自然光が当たる場所で撮影するだけで、クオリティがかなり向上します。

夜間の撮影や、窓の位置によって自然光を利用できない場合は、室内の照明を使う必要が出てきます。場合によっては、天井からの照明だけでは十分な明るさが得られない場合があるので、そのときはデスクライトなどの間接照明を使うことをお勧めします。

間接照明を斜め前に置くと、昼夜を問わず、被写体を明るく照らしてくれます。特にお勧めは「リングライト」という円形状のライトで、被写体全体に光が当たるため、影ができにくく自然に明るく撮影できます。スマートフォン用の小型のものから、本格的な撮影に使えるものまで、さまざまな機種が販売されているので、用途に合うものを選んで活用してみてください。

3 ● 背景の演出

視聴者に動画の内容に集中してもらうために、背景は極力シンプルにすることがポイントです。それには、白い壁を背景に使うといった方法が考えられます。オフィスの雑然とした様子や生活感のあるものが背後に映り込んでしまうと、視聴者は、発信側が伝えたい内容に集中できなくなることがあります。

たとえば、売りたい商品に関係があるのであれば、商品に関連する背景も効果的です（桃のゼリーを販売する動画で、背景に桃が並んでいるなど）。

また、社内の内部情報やプライベート情報が映り込むと、セキュリティ上の問題も出てくるので注意しましょう。

動画制作を進めるにあたっては、「視聴者が何を知りたいのか」を考えて取り組むことが重要です。伝えたいことが多いと、つい話が長くなり、せっかくの動画が間延びしがちです。目安は、「1分間の動画ならば、伝えたいこと・強みを3つに絞る」こと。簡単な台本があると、撮影がよりスムーズに進むでしょう。

動画が手軽に撮影できる時代になった今、活用しない手はないでしょう。ぜひ、お持ちのスマホで、まずは撮影・編集をはじめてみてはいかがでしょうか。

SNSでの動画配信やライブの実務ポイント

続いて、SNSライブやオンライン商談でのカメラ撮影や、画面映りで好印象を与えるテクニックについてお話しします。

私は20年近くテレビ番組等の制作経験がありますが、どんなに短い番組であっても、カメラの位置、人物や物の映り方、背景の映り込みなどを注意深くチェックし、視聴者に違和感を与えないように動画を制作しています。ここで言う違和感とは、人物や物の映りが不十分で視聴者にストレスを与えることや、何を見せたいのかわかりにくいために生じる不快な感覚のことを指しています。

SNSライブやオンライン商談でもテレビ番組と同様に、こうした違和感を極力減らして配信することが、クオリティを向上させる重要なポイントです。

オンライン会議の際に、「画面に映った顔色が悪いな」と自分の姿を見て感じたことがある人は、少なくないのではないでしょうか。

カメラの角度や光の当て方などが適切でないと、どんなにいい商品やサービスであっても、相手に与える印象が悪くなり、伝えたいことを正確に相手に伝えることができません。基本的なカメラの撮影方法や画面映りテクニックを取り入れることにより、商談相手や視聴者に「伝えたいことを正確に伝える」ことができるようになります。

217〜223ページ:中山望

5章

大きくなるよりも「続く」会社へ
――200年企業を目指して

平三と令子は、令子の実家に出向いた。同居の報告のほか、鶏モツ煮のネット販売事業について、製造元である父母と営業・販売サイドの自分たちとで話し合うためだ。

その日、平三がプレゼントとして持ち込んだパソコンを使ってネット環境を整え、Ｚｏｏｍの使い方を説明した。うまいことに、町主催の創業セミナーがリモートで開催されており、昭夫と和子はそれを受講しようとしていたのだ。

平三と令子は一緒に受講しながらＺｏｏｍの使い勝手を説明していった。同講座の講師は年配の講師と若手講師がセットになり、それぞれの立場と経験からの具体的な解説が多く、とてもわかりやすかったという。

68歳を過ぎた昭夫は「ＤＸなんて聞いたこともないような言葉で嫌だったが、実にわかりやすくて自分の年でも十分にやれそうな気がした」と言うし、和子も「要は、やってみることね、わからなくなったら周りの若い人に聞けばいいんだよね」と意欲は高まる。

3年目にして、売上は年間1億円を超えた。限界利益率は40％であり、経常利益額は2000万円近い。製造・発送部門では新たにパート・アルバイトが入り、総勢5名となった。今後は正社員化を考えるべきかもしれない状況である。

平三と令子の間に子供が生まれ、それを機に2人は令子の実家に戻り、本格的に家業を継ぐことを決めた。

今や、ビッグカンパニーの時代は終わり、グレートカンパニーの時代と言われながら、今まさにサステナブルカンパニーの時代に入ろうとしている。

これからカンノが目指すのは、決して大企業ではなく、地域の優良企業としてのサステナブルカンパニーであり、200年の長寿企業化である。

サステナブルカンパニーを目指して

SDGs（持続可能な開発目標）が2015年9月25日に国連総会で採択され、17の目標が設定された。そのなかで11番目にあげられたのは、「住み続けられるまちづくりを」という目標である。

今の日本では、ローカルは中小企業の経済的な不振によって急速に人口が減少しており、「住み続ける」ということが難しくなっている。地域商店街は空き店舗が目立ち、地域における生活の利便性も大きく損なわれた。

日本人にとって、父祖伝来の事業を捨てることは、実につらいことだ。しかし、時代環境がそれを許さず、やむにやまれず閉じるしかなかった。

1つの店が閉じる。それは商店街の魅力の1つが欠けたことになり、やがて隣の店も閉じざるを得なくなる。その連鎖でローカルの街は急速に寂れてしまった。
ここ30年の「失われた時代」は、ローカルの中小企業にこそ大きなダメージを与え、三代、四代と続く地域の歴史と文化・自然に育まれた100年超え企業が廃業に追い込まれている。

コロナ禍が落ち着き、観光客が戻りはじめている。日本は世界的に見ても魅力ある観光付加価値を持っている。東西に長く、地域それぞれに独自の風光・植生を持っている。そうしたローカル文化に育まれた食文化は、海外からの観光客にも人気が高い。それは、日本の食文化や生活文化に興味を感じる人が少なくないことを表わしている。

何が言いたいのかと言えば、**日本各地の食品・商品は、国内のみならず世界に売れる**ということだ。地域の独自性を活かすことと、DXによる新たな販路開拓・リモート販売の活用で、**ローカル中小企業に大きなチャンスが巡ってきた**ことに気づいて欲しい。

ビッグカンパニーから
サステナブルカンパニーへ

ビッグカンパニーの終焉

「大きいことはいいことだ」。1967年、森永製菓の新製品「エールチョコレート」のCMソングのワンフレーズは、日本人の気持ちにピタリとはまった。

当時、ほとんどの企業経営者にとっての事業目的は、「売上拡大」と「会社を大きくすること」だった。それは、世の中の願いとも共通していた。戦後のベビーブーマー（団塊世代）が社会に出はじめた時期で、会社はビッグにならなければいけなかった時代だったのだ。

かつて、戦後のビッグカンパニーを象徴していたのは、カリスマ経営者と評された中内㓛氏率いるダイエーである。1957年に大阪・千林で1号店を開店したダイエーは、中内氏の経営理念「価格は消費者が決める」「売上がすべてを癒す」によって、それまで定価販売が当たり前だった小売業のあり方に革命的な変化をもたらし、消費者の心をつかんだ。

1980年には小売業ではじめて年間売上高1兆円を突破し、1995年2月期に2兆5415億円と最高額を記録したダイエーだが、以後、売上は徐々にダウン。1998年2月期には258億円の経常赤字に落ち込んだ。

経済評論家の奥村宏氏は、「ダイエー問題の本質」として次のように記している。「ダイエーの経営破綻はずっと以前から明らかになっており、二度にわたって銀行が債権放棄をしたにもかかわらず、経営はいっこうに立ち直らなかった。そしてダイエーをどうするか、ということはバブル経済崩壊以後十数年間にわたって日本の経済政策のひとつの焦点になっていた。もしダイエーが倒産したら、それが与える社会的ショックは非常に大きい。ダイエーの従業員はもちろん、ダイエーに商品を納入している多くの業者、そしてダイエーの店舗がある地域社会、さらに多数の消費者、と数えあげていけば、それによってショックを受ける人の数は非常に多い。それだけにダイエーがつぶれると社会不安が起こるから、つぶすにつぶせないといわれてきた。そこでダイエーのメインバンクの影にあって政府はダイエーを倒産させはしないという方針をとってきた。しかしそのことがダイエーの処理を遅らせ、銀行の不良債権を大きくしていった。ダイエーはこうして銀行の不良債権問題の象徴となっていたのである。」(「月刊ロジスティクス・ビジネス」2004年12号)

2015年(平成27年)にはイオンによる株式公開買付けを経てイオンの完全子会社となり、イオングループの傘下に入った。しかし、そのイオンが2022年度には最終損益が36億円の赤字となった。原因として、元ダイエー店舗を中心とした老朽店舗の閉鎖費用など324億円の特別損失があったと言う。要するに、ダイエー型のビジネスモデルは時代環境から大きく外れてしまい、立て直しができなかったのである。

人口急増から少子高齢型の人口減少。車型社会からネット社会へと時代は変わり、大きいことが必ずしも経営価値を高めることも、社会的価値を生むこともなくなったのである。

グレートカンパニー

グレートカンパニーとは、社会性の高い「理念」のもと、その「企業らしさ」を感じさせる独特のビジネス形態を磨き上げ、その結果、社員も顧客も誇りを持つような独特のカルチャーが形成されている企業を指す。

これはこれで、企業としての社会的責任に対する回答である。

世界的な大手アパレルの多くが、複雑で多層にわたるグローバル・サプライチェーンを構築し、労働搾取工場やスキャンダルから意図的に逃れようとしている。それに対する世界的なキャンペーンの広がりを受けて、スポーツウェアブランドのNike（ナイキ）は、労働者搾取を監視する「工場監査契約」に署名した。

こうした措置は、社会的な批判キャンペーンが広がるなかでの企業の戦略であり、社会性を高めることでブランド価値の創出をはかる一策でもある。

グレートカンパニーといえども、最も有力なステークホルダーである株主の意向は「金を儲けろ」であることに変わりはないという難しい事情もあり、依然として大手企業は拡大戦略の域から抜け出せていない。

サステナブルカンパニー

会社（カンパニー）は誰のものかと言えば、法的には「株主」のものということになる。株主（出資者）は、投資に対してより大きなリターンを期待する。それは、あくなき業績の拡大を企業経営者に強いることになる。

　してみると、現状ではビッグカンパニーもグレートカンパニーも、同じ「業績拡大戦略」の1つと言えるのではなかろうか。

　グレートカンパニーを目指すと考えたとき、社会的な要請が会社の業績拡大に不利益に働くとしても、他社との競合等の条件を考えれば、戦略的に社会性を優位に置くことは十分にあり得る。問題はコスト&パフォーマンスであり、トレードオフの問題に過ぎない。いずれにしても、「競争して勝って大きくなる」が命題である。

これに対してサステナブルカンパニーは、社会、それも地域社会に根差し、地域の歴史や文化を伝承していくことをミッション（使命）と考える会社である。

それは地域的な価値を継承し、洗練し、持続していくことでもある。ゆえに競争することはなく、共存と協調をはかる。

考えようによっては、父祖伝来のアイデンティティを守ることに本来的な価値を見出しており、すべては「事業継続＝サステナビリティ」に向けられる。

すなわち、サステナブルカンパニーとは、同族会社であり、ファミリービジネス型とも言える。

同族・老舗企業が世界最多の国、日本

世界的に見て、日本は同族企業の数が最多の国である。創業以来100年以上続く会社は世界で8万66社、日本はそのうちの3万3076社（41・3％）を占めており、世界一の長寿企業大国である。ちなみに200年以上続いている企業は1340社（65％）と、これも世界一である。

1300年の伝統を誇る山梨県南巨摩郡早川町の西山温泉にある旅館「慶雲館」、愛知県半田市に本社を置き、230年の業歴を持つ「ミツカン」、1707年創業と言われる伊勢の「赤福」といった地生えの名だたる企業は、地域・同族による伝統という何ものにも代えがたい付加価値を有し、世界的な長寿企業（サステナブルカンパニー）の地位を安定的に維持している。

大方の日本人にとって、継続の歴史は信用と信頼であり、国柄（ローカル色）の感じられる商材・商品は他にない付加価値として光る。ほとんどの国・地域でも伝統・文化、そして地域性は高い価値を持っている。そして、それが観光価値の過半をなしている。

観光価値とは風光（自然）に加えて、そこに根づく建築物（城・街並み）と伝統的

図12 ● 100年企業・200年企業の数

100年以上を経過した企業

		企業数	比率
1位	**日本**	**33076**	**41.3%**
2位	米国	19497	24.4%
3位	スウェーデン	13997	17.5%
4位	ドイツ	4947	6.2%
5位	英国	1861	2.3%
6位	イタリア	935	1.2%
7位	オーストリア	630	0.8%
8位	カナダ	519	0.6%
9位	オランダ	448	0.6%
10位	フィンランド	428	0.5%

200年以上を経過した企業

		企業数	比率
1位	**日本**	**1340**	**65.0%**
2位	米国	239	11.6%
3位	ドイツ	201	9.8%
4位	英国	83	4.0%
5位	ロシア	41	2.0%
6位	オーストリア	31	1.5%
7位	オランダ	19	0.9%
8位	ポーランド	17	0.8%
9位	イタリア	16	0.8%
10位	スウェーデン	11	0.5%

出典：日経BPコンサルティング・周年事業ラボ

な食文化、そして地域性のある人的接待（おもてなし）が大きな要素なのではないか。「インバウンド観光客の95％が日本でおいしいものを食べたい」と答えたというアンケート結果を聞いたことがある。これも、日本各地の伝統に培われた食文化のなせるワザなのではないか。

時代は変わり、社会も変わる。故に会社も変わらざるを得ない

前章まで、DXやリモートの有効性について述べてきた。

新型コロナウイルスの感染拡大を受けて、新たなテクノロジー（PCを通じた面談・会議システム）が注目され、急速に実用化した。Zoomを中心とした、スクリーン（パソコン・スマホの画面）toスクリーンで、リアルタイムに顔を合わせての面談・商談が可能になった。

新たなテクノロジーが、社会と会社（ローカル・中小企業）のありように大きな変革を迫っている。

こうした技術の革新期には、大手と中小の入れ替わりが起き、新規の起業家には新

たな成長機会となることが少なくない。

ビッグカンパニーからグレートカンパニーへ、そして、これからはサステナブルカンパニーこそが社会的目的と経済価値を両立させ、会社経営理論の主体となる。

そうしたなかでサステナブルカンパニーとしての素質と可能性を持つ、ローカル・中小企業の存在価値と存在理由があらためて見直される。地方の中小企業の持つ、地域の伝統に培われた独自の商材や技術を次世代が継ぎ、DX化を通じて新たな可能性を広げていくという「事業承継型創業」も注目されている。

老舗こそ、デジタル・インターネットの世界で活きる

生きた歴史としての地域文化を生かした老舗になる。サステナブルカンパニーとは「老舗」を指す。しかし、ビジネスは「不易を知らざれば基立ちがたく、流行を知らざれば風新たならず」（松尾芭蕉）であろう。

「不易」とは、いくら世の中が変わっても変わらないもの、変えてはいけないもの、「流行」とは、世の中の変化とともに変わっていくものである。

基本的には不易を受け継ぎ、不易を渡すが、都度の流行（新たなテクノロジー等）を付加することで人口に膾炙していくのが商売というものではなかろうか。

本来の価値は歴史にある。１００年、２００年の歴史こそが何ものにも代えがたい価値であり、差別化要因なのである。

●老舗と信用

日本人的心性としては「会社＝お家（同族企業）」で、お家は断絶しないこと、すなわち持続性が価値となる側面を見逃せない。

経済・取引の根幹にあるのは「信用」だ。ビジネス間の取引・一般消費者との売買の多くがネットを通じてのやりとりに置き換わるなかで、信用が大きな財産になる。老舗であることは商取引の根幹である信用・信頼の源泉を持っていることを指す。

●老舗と看板

「看板に泥を塗る」という言葉がある。老舗の看板はその会社・店の思いと誓いそのものだ。ゆえに、取引にあたって、不誠実であってはならないと経営を戒めてきたものだ。それが、経営者から従業員一人ひとりに行き渡っているのが老舗である。

老舗の看板は常に歴史に磨かれてきた。時代の変革に沿って無理のない自己変革を遂げてきたからこそ、今がある。

●老舗とイノベーション

「老舗＝旧い」ではない。常に時代と地域の変化に対応することが、老舗に至る条件である。ローカルの中小企業の大半は戦後の創業である。その戦後はすでに78年を経過しており、高度成長期の創業であっても60年は経過している。あと一代で、１００年老舗になり得る。地域を支える老舗になるには今が踏ん張り時で、最大のチャンス期でもある。

●老舗を目指しての販路イノベーション

地域の歴史が庶民的生活文化を作ってきた。そこには独自の寓話や物語がある。それらと関係づけられるのが、長いことその地で商売を続けてきた老舗の価値ではなかろうか。そうした歴史的価値は他に真似されないし、真似のしようがなく、圧倒的な差別化力となる。

新たな販路としてネット販売を考えたとき、顧客セグメントの絞り込みはとても重要だが、それ以上に「他にはない『地域性』という差別化力」、すなわち、歴史が息づく商材・サービスを持つ老舗こそ、ネット販売で業績を上げられる可能性が高い。

ネットを介することで、東京や全国、そして世界に顧客を持てる可能性は高い。ネットを通じた販売は極端な競合に巻き込まれることを意味するが、1／10000マーケティングであれば、顧客セグメントが有効化しやすい。加えて、地域の独自性に基づいた商品は、顧客セグメントの差別化に商品的差別化を乗じた形となり、ネットでのBtoC販売には大きな強みとなる。

信用のもとはある。それを活かすことでビジネスが新たな飛躍を迎える可能性が高まった。老舗は地に生えて、今あることを誇りとしている。根も葉もない会社がはびこるなかで、地域という土壌に根を張る老舗の強みは、地域性に培われた歴史を持つという他には真似のできない圧倒的な差別化力を維持していることである。

ローカル型老舗企業にとってずいぶんとラッキーなことに、地方の老舗の優位性を利用して全国、そして世界に売り込むためのデジタル技術は完成しているのだ。

同族会社の強みとは

地方、小規模、同族と言えば、企業経営の三悪揃い踏みのように捉えられるが、老舗企業（サステナブルカンパニー）のほとんどは同族会社である。

我が国で言えば、５００年以上の歴史を誇る羊羹の「虎屋」は黒川家の同族であり、現社長は18代目の黒川光晴氏。

大手では、サントリーホールディングス、山崎製パン、竹中工務店、ヤンマーホールディングス、大塚製薬等は代表的な同族会社である。それぞれが独自に光るものを持ち、地域性を色濃く残している。

世界的に見ても、ロスチャイルド銀行、フォルクスワーゲン等の世界的企業が同族である。

同族会社のほとんどが、地域性というものを色濃く残している。

サステナブルカンパニーの大半が同族会社であり、多くが初代の「志」を継いでいる。「志」と「夢」とは違う。夢は単に個人の願望に過ぎないが、志と言ったとき、それは地域に立脚し、地域の役立ちたいという思いがこもる。

そのため、同族経営者には自分たちの名誉や家族の評判がかかっているという意識が強く、一般的な企業経営者（雇われ社長）より仕事に強くコミットする傾向がある。

同族型経営では、単に売上・収益だけで経営陣を見ることはしない。経営陣の志が重視され、経営陣の交代が少なく、長期的な視点で経営が行なわれることが多い。売上・収益の伸びは緩やかでも、経営の安定性が高く、事業継続力は強いのだ。

同族経営の企業は、家族が長年にわたって経営してきた歴史や伝統を大切にし、独自の企業文化や製品、サービスを作り出している。これにより競合他社と差別化を図り、安定的な経営となっている。

同族経営では、経営陣のメンバーが家族であるため、コミュニケーションがスムーズであり、迅速な意思決定が可能となり、社会・経済の変化に即応したイノベーションに取り組み成功しているケースが少なくない。

雇用に関しては地元雇用が中心で、経営者と社員の出自が同じであるケースが多い。阿吽の呼吸的な気持ちの疎通があり、社員と良好な関係が築かれている。これにより、社員のモチベーションや生産性が安定しているケースが多い。

同族会社の安定性

コロナ禍から抜けて、やっと人通りが戻りはじめたが、「人手不足に関する企業の動向調査（帝国データバンク）」によれば、正社員が不足している企業の割合は51・4％に達し、業種別では特に「旅館・ホテル」が75・5％と最も高かった。観光地のホテル・旅館ではスタッフが足りず、客室稼働を制限するなどの措置をとったところも少なくないと言う。

その影響で、全国的に「素泊まり」「朝食のみ」といった対応が急増している。業界としては、夕食や酒を提供することで客単価を引き上げたいが、人手不足でできないのが現状だ。

対して、小規模ながら家族・親族中心で営業している場合は、人手自体に無理がきく可能性が高い。苦境をチャンスに変えるには、強固なつながりがポイントになる。

これからは、地域の親族・家族という同族的コミュニティによる業務安定性の価値を見直すべきではないだろうか。

上場できないけれど〝潰れない会社〟こそ強い

上場していない会社、しない会社は、株式市場の変動や投資家の期待に左右されることが少なく、経営者は自社のビジネスモデルや戦略に集中できる。これにより、長期的な視点での経営が可能となり、会社は堅実な経営を継続できることになる。

加えて、外部の投資家や株主の影響を受けず、より独立した意思決定ができる。これにより、会社は自らのビジョンや戦略に従って柔軟に対応し、変化に適応することができる。

短期的な利益重視を避けられる

上場企業は、株主からのプレッシャーがあり、短期的な利益を追求する傾向が強い。しかし、上場していない会社は、長期的な利益を重視し、安定した成長を目指すことができる可能性が高い。

上場していない会社は、地域性に培われた独自の企業文化を維持・向上させているケースが多く、そうした企業の従業員のモチベーションは総じて高い。これにより、社員の生産性が向上し、企業全体として競争力が高まると同時に、危機に際しては一丸となれる。

老舗の旦那衆がまちを担ってきた歴史

今ではあまり聞かなくなってしまったが、地域の商店街には「旦那衆」と呼ばれる、行政的組織とは別の、その商店街の決めごとをする集まりがあった。

「旦那」の多くは三代、四代と続いてきた会社の社長であり、旦那と呼ばれることの自負から、地域に対する貢献意識は高い。

旦那衆の決議の根底にあるのは、常に「地域の文化・伝統を守る」ことであった。同時に、外部からくる起業者を上手に迎え入れ、地域の仲間として面倒を見てきたという話をしばしば耳にする。

地域の伝統・文化を守ることと、地域・自社を守ることは同義だが、一方で、ビジネスの活性化に寄与する新たな取り組みにも真摯に対応していたのだ。

歴史的な祭りと地域商業を組み合わせることで、域内の集客を商店街の個店に結びつけるといった現実的なビジネス対応にも積極的なケースが多かった。

そんな旦那衆のような、地域を代表し、個々の会社・店舗の声を代弁できる組織の再構築が必要になっている。

旦那衆という「古めかしさ」が守ってきたのは、「地域ぐるみの伝統・文化」であり、それが差別化の主体であり、ＩＴを通じたセールス・プロモーション（販促）のコンテンツの主体である。

地域発ビジネスの活性化に向けて、今ある老舗をベースに旦那衆的な組織化を考えてもいいのではないだろうか。誰かがやらなければ、地域経済は崩壊し、取り返しがつかないことになってしまう。

考えてみれば、ITとは販路（道）であり、SNSはそこを走る宣伝カーであり、運搬車でもある。してみると、老舗の持つ地域の伝統・文化は、積んでいる荷物（商材）に他ならないのではないか。荷物が駄目なら、道がどんなによくても、宣伝カーが速くても、金にはならないが、日本の各地域には、地元でしか知られていない隠れた名産品が溢れている。

1／10000マーケティングで老舗と人材を基にDX化し、新たな地域ビジネスを創出する、今が最後で最大のチャンスだ。

ローカル・中小企業の1人あたり生産性が高まる時代になった

日本企業の生産性の低さについて、「中小企業が多いことが大きな要因である」とする論がある。ことに小規模事業者が問題だとしている。

多くの著作があるデービッド・アトキンソン氏は、『国運の分岐点』（講談社α新書）で次のように主張する。

「日本の『生産性向上』の障害となっているのは、日本企業の99・7％を占めて、これまで日本経済を支えると言われてきた357万の中小企業なのです。」

「『中小企業＝日本経済の強み』という主張をされる方たちが、しばしばその根拠の一つとして挙げているのが、『老舗の多さ』です。

日本は他の先進国と比較しても、創業200年以上の老舗企業が際立って多いことで知られており、これらの老舗というのは往々にして中小企業です。従業員が少ない会社でも100年以上も事業が続けられるということが、日本型経営の特徴であり強みでもある、ゆえに、老舗に代表される小さな規模の企業というのは、日本経済が成長していくうえで欠かせない原動力だというわけです。」

こうした前置きに続けて、同氏は「経済分析をしてきた立場から言わせていただくと、これはきわめて主観的・感覚的な理論展開だと言わざるを得」ないと述べている。

私は同氏の論を一概に否定するつもりはないが、人口減少が進むなかで企業が選択すべきは、成長・拡大より持続性にシフトした経営ではないかと思っている。

生き延びるためには「大食らい」よりも「小食」のほうが有利なのではないか。ローカルの中小企業に見られる同族（家族）という前近代的な経営システムには、SDGsに対応するヒントがある。

ローカルの中小企業、分けても小規模事業者は、経営計数から見ると「固定費」と呼ばれるコストがとても小さい「小食型経営」が常態化している。だが、問題はそれを超える速度で売上の基盤となる域内消費人口が減少していることにある。

しかし、日本は四季折々の風物に溢れ、東西は3000キロにもわたり、最西端の与那国島から北海道の宗谷岬まで多様な歴史と文化を擁している。

要するに、日本は諸外国から見れば、**全国各地に「珍しいモノ・欲しいモノに溢れた国」**と言うことができる。

観光立国政策とともにDX対応を進めることで、ローカルを代表する地域の中小企業の物産を効果的、かつ効率的に販売することできるようになり、地方の地域型中小企業が大きく飛躍できる時代になった。DXによるリモート・コミュニケーションの技術が、日本のローカル中小企業を小さくてもキラリと光る優良企業に変えてくれる時代に入ったのだ。

地方の地域型中小企業が大きく飛躍することで、日本経済には新たな可能性が拓けてくる。

地方発全国、そして地方発世界の道は目前だ。

おわりに　故郷（ローカル）は、失ったらもう取り戻せない

日本の企業数は359万社、全体の99・7％の357万社が中小企業である。そのうち半数以上はローカルに立地しており、少なくとも200万社を超える。

ローカルの中小企業の過半は人口減少の煽りを受け、疲弊の極にある。しかし、繰り返すように、日本は世界的に見ても長い歴史を有し、それぞれの地域の風土に育まれた独自の文化と歴史を持っている。

日本食は2013年にユネスコ無形文化遺産に登録された。天ぷら、寿司など具体的なメニューが選ばれたのではなく、認定されたのは「和食」という食文化だった。要するに、日本は四季が明確に分かれていて、国土は南北に長く、海、山、里と表情豊かな自然が広がっているため、各地域に根差した独自で多様な食材と風土にあった調理法（料理）が評価されたということであろう。

日本の価値は、伝統・文化・風土の調和した美しさであろう。自然の風光そのモノではなく、風土と人の営みが溶け合った里山の情緒は、国内はもとより国外から見ても美しく、価値深いものであろう。そこに根差す、食、家具、衣服、芸能が価値を持っている。

昭和という、おもしろく懐かしい時代を映す地方商店街もそうだ。

こうした、極めて日本的な地域ごとの伝統・文化は、放っておけば確実に失われ、取り戻すことは決してできない。

しかし、地域の中小企業が健全であれば、地域経済は豊かに広がっていく。単なる経営的拡大を目指すのではなく、各地域の状況に合った持続性の高い企業経営が求められている。そのために、1／10000マーケティングはある。

執筆にあたってお手伝いをいただいた、ホームページ作成に造詣の深い相原宏美さん、SNSの講師として著名な雲丹亀真穂さん、動画制作の専門家の中山望さん、そして、全編にわたり相談に乗ってくれた弊社社長の渋谷雄大さん、あらためてお礼申し上げます。ありがとうございます。

参考文献

『日本人と日本文化』司馬遼太郎・ドナルド・キーン著（中公新書）
『ＩＧＰＩ流　ＤＸリアル・ノウハウ』冨山和彦・望月愛子著（ＰＨＰビジネス新書）
『国運の分岐点』デービッド・アトキンソン著（講談社＋α新書）
『売れている人がやっているたった四つの繁盛の法則』笹井清範著（同文舘出版）
『日本のファミリービジネス』奥村昭博・加護野忠男編著（中央経済社）

著者略歴

大木ヒロシ（おおき　ひろし）

ジャイロ総合コンサルティング株式会社会長

ジャーナリスト（タブロイド紙記者）を経て実業に入る。フランチャイズチェーン本部をはじめ複数の企業体を立ち上げた経験を持ち、そうした経営実務経験をもとに、セミナーおよびコンサルティングを業務とするジャイロ総合コンサルティング株式会社を設立。

実業のかたわら、流通系の雑誌・新聞を中心に30年にわたり寄稿を行なう。自らの経営経験と取材を通じた客観を織り込んだ記事は実践的と評価され、読者の人気は高い。年間の講演回数が150回を越える超人気講師でもあり、感動と共鳴を生む講演スタイルには定評がある。

セミナー問い合わせ、経営相談等　https://jairo.co.jp/

ローカル・中小が日本全国に顧客を作る

1/10,000《いちまんぶんのいち》マーケティング

2023年9月28日　初版発行

著　者 ―― 大木ヒロシ

発行者 ―― 中島豊彦

発行所 ―― 同文舘出版株式会社

東京都千代田区神田神保町1-41　〒101-0051
電話　営業03（3294）1801　編集03（3294）1802
振替00100-8-42935
https://www.dobunkan.co.jp/

©H.Ohki　　ISBN978-4-495-54143-9

印刷／製本：三美印刷　　Printed in Japan 2023
